Klang

Ein Weg durch Räume und Zeiten der Liturgie

Albert Gerhards

Klang

Ein Weg durch Räume und Zeiten
der Liturgie

SCHNELL + STEINER

Umschlagabbildungen: V.l. Friedensglocke Chorweiler (Foto: Marcel Soppa),
Giotto, Taufe Jesu: S. Francesco, Assisi (http://images.zeno.org/Kunstwerke/I/big/72w044a.jpg),
Orgel in der Bonner Schlosskirche, Orgelbau Klais (Foto: Boris Schafgans, Bonn)

Bibliografische Information der Deutschen Nationalbibliothek:
Die Deutsche Nationalbibliothek verzeichnet diese Publikation in der
Deutschen Nationalbibliografie; detaillierte bibliografische Daten sind im Internet
über <http://dnb.dnb.de> abrufbar.

1. Auflage 2016
© 2016 Verlag Schnell & Steiner GmbH, Leibnizstr. 13, D-93055 Regensburg
ISBN 978-3-7954-3141-9
Umschlaggestaltung: Anna Braungart, Tübingen
Satz: Vollnhals Fotosatz, Neustadt a. d. Donau
Druck: Hubert & Co., Göttingen

Weitere Informationen zum Verlagsprogramm erhalten Sie unter:
www.schnell-und-steiner.de

Inhalt

Einleitung 7

1 Glaube kommt vom Hören 11
2 Freudenklänge 13
3 „Stille Zeit" 15
4 Himmelsklang 16
5 Wo die Zimbeln klingen 18
6 Die Stimme vom Himmel 20
7 Glockenklang 22
8 Läuteordnung 24
9 Glockenweihe 26
10 Weinen vor Gott? 28
11 Das Ohr des Herzens 30
12 Nachklang des Kommenden – Kirchenmusik als Klang
   der Ewigkeit 32
13 Intonation 33
14 Präludium 35
15 Hören und Handeln 37
16 Invocabit 39
17 Sang- und klanglos 41
18 Wassermusik 43
19 Ohrenfasten 45
20 Der Schrei 46
21 Himmelhoch jauchzend, zum Tode betrübt (Palmsonntag) 48
22 Klage und Jubel 50
23 Lauter Jubel – das Exsultet 52
24 Frühlingserwachen und Schöpfungslob 57
25 Osterspiele 59
26 Iubilate 61
27 Osterlärm 62
28 Cantate 64
29 Osterlachen 66
30 Beim Schall der Hörner 68
31 In Sturmes Braus 70
32 Segensraum 72
33 Die Steine der Singenden 74

34 Beim Hahnenschrei 76

35 Magnificat 78

36 Anbetung im Geist – Instrumentalmusik im Gottesdienst I 80

37 Mit Pauken und Tanz – Instrumentalmusik II 82

38 Der „unaussprechliche Gott" – Instrumentalmusik III 84

39 Gotteslob der ganzen Schöpfung – Instrumentalmusik IV 86

40 Klangleib 88

41 Räume der Stille 90

42 Hören und Sehen 92

43 Meeresrauschen 94

44 Sphärenmusik 96

45 Herbsttöne 97

46 Preiset Gott mit Schofarton! 99

47 Erntedank 101

48 Verordnete Stille? 104

49 Gleichklang 106

50 Das letzte Tausendschön 108

51 Eine Wolke Klangstaub 110

52 Laut wird die Posaune klingen 112

53 Parforceklänge 115

54 Cäcilia 117

55 Wachet auf! 119

56 Atollite portas! – der Wachklopfer 122

57 Lieder des Lobes 124

58 Beschleunigung 126

59 Weihnachtspassion 128

60 Da capo – vom Anfang 131

Verzeichnisse *(erarbeitet von Sebastian Lüke)*

Bibelstellenverzeichnis 133

Quellennachweise 135

Bildverzeichnis 139

Klangbeispiele *(zusammengestellt von Sebastian Lüke)* 141

Einleitung

Kaum eine andere Sinnesäußerung ist so allgegenwärtig und doch so schwer zu fassen wie der Klang. Er umgibt uns wie die Luft und ordnet uns in das Koordinatensystem von Raum (Raumklang) und Zeit (Dehnung) ein. In manchen Metaphern und sprichwörtlichen Redensarten kommt er vor: klangvoll, Missklang, in Einklang bringen, sang- und klanglos, ... Vor einigen Jahren erschien das Buch des Geigenbauers Martin Schleske mit dem Titel „Der Klang: Vom unerhörten Sinn des Lebens",[1] das zum Bestseller wurde. Darin kommt die Vielschichtigkeit der Klangwelt zur Sprache. Es ist möglicherweise das Nicht-Eindeutige, Geheimnishafte, das den Klang gegenüber den visuellen Signalen so attraktiv macht. Künstlerische Projekte wie das Projekt der John-Cage-Orgel in der Burchardi-Kirche in Halberstadt,[2] überhaupt die breite Palette akustischer Kunst, üben eine große Faszination aus, wobei die Trennung von „natürlichen" und „künstlichen" Klängen mehr und mehr verwischt.

Eine Eigenschaft des Klangs ist seine zeitliche Begrenztheit – von ständigen Klängen wie Meeres- Fluss oder Bachrauschen einmal abgesehen. Da viele Klänge an kulturelle Phänomene wie Handwerk und Technik gebunden sind, haben sie eine begrenzte Lebenszeit, so etwa das Pfeifen einer Dampflok oder das Klappern einer mechanischen Schreibmaschine, es sei denn, man schafft ihnen ein museales Biotop. Aus diesem Grund sind einige Internet-Datenbanken entstanden, um solche Geräusche oder Klänge in Erinnerung zu halten.[3]

Die 60 kleinen Kapitel dieses Buchs gehen dem Phänomen Klang in der christlichen Liturgie, in erster Linie der römisch-katholischen, aber nicht nur ihr, nach. Sie wurden zum überwiegenden Teil 2010 und 2011 in der Zeitschrift „Christ in der Gegenwart" in der Kolumne „Wege und Welten" erstmals veröffentlicht und für die vorliegende Publikation überarbeitet. Durch den vorgegeben Zeitraum ergab sich, dass die weihnachtliche Zeit zweimal in den Blick kam – ein glücklicher Zufall, ist die „stille Zeit" doch besonders geeignet, die Sinne für das leicht Überhörbare und Übersehbare zu schärfen.

Auch die Liturgie ist ein zeitgebundenes Phänomen, deren akustische Wahrnehmungen sich wandeln und mitunter verschwinden. So kennen wir nicht den Klang des Psalmengesangs im Jerusalemer Tempel, nicht einmal den Klang der altrömischen Liturgiegesänge. Bestimmte Geräusche wie das Schaben von Glockenseilen oder das Knarren der Mechanik des von Kalkanten betriebenen Blasebalgs einer Orgel sind nur noch in Ausnahmefällen

---

1 Martin Schleske, Der Klang: Vom unerhörten Sinn des Lebens, München 2010.
2 Vgl. die Internetseite : www.aslsp.org/de
3 Z. B. www.workwithsounds.eu/sound/; vgl. dazu: Wie klingt die Welt?, in: Christ in der Gegenwart 67 (2015), 380.

wahrnehmbar. Auch solche Geräusche oder Klänge gehören zur Liturgie. Doch stellt die Liturgie insgesamt einen Klangkosmos dar. Klänge sind nicht nur einer ihrer zentralen kommunikativen Codes (Wort und Ton); die Klangdimension wird darüber hinaus auf unterschiedlichste Weise in ihr thematisiert, vor allem aufgrund ihrer Prägung durch biblische Motive.

Die jüdische und christliche Liturgie lässt sich als ein Ritualsystem beschreiben. Rituale sind hoch komplexe Handlungsvollzüge, die sich von unterschiedlicher Seite her erschließen lassen. Vor einigen Jahren habe ich dies unter dem Aspekt des Lichts versucht.[4] Beide Größen – Licht und Klang – definieren sich von ihrem Gegensatz her. Ähnlich wie das Licht durch das Dunkel wird der Klang durch die Stille justiert. Nur wenn beide Gegensätze in einer spannungsvollen Beziehung zueinander stehen, kann sich symbolische Erfahrung über die Augen bzw. über die Ohren einstellen. Um die anthropologischen Tiefendimensionen des Lichtes zu erfahren, bedarf es der Konfrontation mit Dunkelheit, um die des Klangs zu erfahren, bedarf es der Konfrontation mit Stille. Hier fehlt es in den meisten gegenwärtigen Gottesdiensten an Gleichgewicht. Allzu sehr bestimmt das gesprochene Wort den Klangraum, unterbrochen durch „Pausenfüller" wie vereinzelte Liedstrophen oder „liturgisches Orgelspiel". Da nützt auch keine verordnete Stille, da sie leicht zur leeren Pause verkommt.

Durch ständige optische wie akustische Reizüberflutung in Beruf und Freizeit droht die Fähigkeit, die „leisen Töne" zu hören, verloren zu gehen. Wenn Gottesdienste es der Alltagswelt der Menschen nur gleich zu tun versuchen, ohne die Teilnehmenden in eine andere Erfahrung zu führen, verlieren sie ihre Bestimmung und damit ihre Daseinsberechtigung. In diesem Buch soll auf die Klangvielfalt des Erfahrungsraums Liturgie aufmerksam gemacht werden, auf die lauten wie die leisen Töne, auch auf die unhörbaren. In ihrer überlieferten Gestalt kennt die Liturgie einen Formenreichtum, der geprägt ist von unterschiedlichsten Klängen, die in ihrem Zueinander und im Wechsel mit Phasen der Stille einen „sprechenden" Klangraum bilden. Wort, Zeichen und Ton gehen hier eine Symbiose ein, die den Informationsgehalt des Wortes allein weit übertrifft und zu einem Ereignis mit performativer Qualität wird – vorausgesetzt, dass die „Zeichen" richtig, d. h. der jeweiligen konkreten Situation angemessen, gesetzt werden. Es kommt also darauf an, die „Partitur" des Ritus mit seinen festgelegten und variablen Teilen jeweils neu authentisch zu interpretieren.

Die einzelnen Kapitel behandeln das Thema Klang im Kontext der Liturgie auf verschiedensten Ebenen. Zum einen richtet sich der Blick auf die akustischen Phänomene des Gottesdienstes als solche, auf Sprechen, Singen und Musizieren, auf akustische Signale und Geräusche. Gottesdienst ist

4 Albert Gerhards, Licht. Ein Weg durch Räume und Zeiten der Liturgie, Regensburg 2011. Auch diese Publikation ging aus Vorveröffentlichungen in „Christ in der Gegenwart" hervor.

in der Regel Verlautung, also mit Klängen unterschiedlichster Art verbunden. Paulinisch gesprochen: Psalmen, Hymnen und Lieder sollen in der Gemeindeversammlung nicht nur im Herzen (Kol 3,16), sondern auch aus vollem Herzen erklingen (Eph 5,19). Ferner werden Zeugnisse aus Bibel und liturgischer Tradition behandelt, die sich direkt oder indirekt auf den Klang in seinen unterschiedlichsten Dimensionen beziehen. Vom ersten bis zum letzten Kapitel der Bibel, vom Schöpfungsbericht (Gott *sprach*: Es werde Licht! Gen 1,3) bis zur Verheißung der Wiederkunft Christi (Ja, ich komme bald! Offb 22,20) konstituiert sich die Beziehung von Gott und Mensch, von Schöpfer und Geschöpf, durch akustische Kommunikation, die Mitteilung durch artikuliertes Sprechen oder durch nonverbale Äußerungen wie Naturklänge, Klage- und Jubelgeschrei. Den Orientierungsrahmen liefert das Kirchenjahr, dem der Duktus dieses Buchs folgt. Darin eingeschoben sind Kapitel, die nicht auf eine bestimmte Jahreszeit beschränkt sind. Die Feste und Feiern im Lauf des Jahres erhalten ihr „Proprium", ihren Eigencharakter, nicht allein durch ihre thematische Ausrichtung; vielmehr tragen Klangbezüge direkt oder indirekt wesentlich zum Erleben der unverwechselbaren Identität einer Festinstitution bei. Dies können direkte akustische Signale sein wie das Schweigen der Orgel und Glocken an den Kartagen und ihr neues Erklingen in der Osternacht, aber auch bestimmte Melodien der gregorianischen Eigengesänge oder der Kirchenlieder. Von besonderem Reiz ist es, die intertextuellen Bezüge von Musik und Sprache zu erkunden, aber auch die Bezüge von biblischen und liturgischen Texten verschiedener Feste und Festzeiten unter dem Aspekt des Klangs.

Die Liturgie ist aber nur die eine inhaltliche Seite dieses Bandes. Die andere betrifft die Erfahrung in Alltagssituationen, auch in kulturellen Zeugnissen aus Literatur, Musik und Kunst. Das Verbindungsglied ist der Klang. Bibel und Liturgie enthalten bereits „geronnene" Erfahrungen, Kondensate von vielfältigen Erlebnissen der Menschen früherer Zeiten. In der Liturgie als „symbolischem Raum" treten diese Erfahrungen mit den je eigenen der Mitfeiernden in Beziehung, insofern sie einen Horizont liefern, um die eigenen Erfahrungen im Licht des Glaubens zu deuten.[5] Dies geschieht gerade nicht „sang- und klanglos", da es sich um einen vielschichtigen Kommunikationsprozess handelt, dessen Lautgestalt nicht ein bloßes Vehikel darstellt, sondern einen Wesensbestandteil christlicher Liturgie. So realisiert sich der Verkündigungsakt nicht in einem pragmatischen Verlesen von Schrifttexten, sondern in einem Vortrag, der der Textgattung des heiligen Textes Rechnung trägt sowie in der Art und Weise des Verlesens die Dimension des Glaubens zeugnishaft hörbar macht. Das bedarf der intensiven Vorbereitung und Einübung im Hinblick auf Beto-

---

5 Vgl. dazu: Andreas Odenthal, Liturgie als Ritual. Theologische und psychoanalytische Überlegungen zu einer praktisch-theologischen Theorie des Gottesdienstes als Symbolgeschehen (Praktische Theologie Heute 60). Stuttgart 2002.

nung, Ausdruck, Sprachmelodie, Stimmführung und Lesetempo, damit die Zuhörenden, die den Text ja nicht vorliegen haben, dennoch dessen Sinngehalt wahrnehmen können. Ähnliches gilt für die unterschiedlichen Weisen der Aneignung des Schriftwortes in Gesang und Meditation sowie für das antwortende Gebet.

Die Liturgiekonstitution des Zweiten Vatikanischen Konzils hat der Liturgie als Quelle und Höhepunkt aller kirchlichen Lebensvollzüge (SC 10) einen hohen Stellenwert gegeben. Durch sie wird Gott verherrlicht und der Mensch geheiligt. Die Liturgiereform sollte dazu beitragen, dass dieses „Vollmaß" erreicht wird, und zwar dadurch, dass Herz/Geist (mens) und Stimme (vox) zusammenklingen (SC 11).[6] Diese Anspielung an die Regel des hl. Benedikt ist nicht nur ein Impuls für die Reform der Liturgie im Sinne der Förderung der tätigen Teilnahme, sondern auch und vor allem eine Einladung, sich auf das „heilige Spiel" der Liturgie einzulassen: hören und sehen lernen, um zu verstehen. Die folgenden Ausführungen wollen helfen, diese Harmonie zu entdecken und weiterzutragen.

Für das Zustandekommen des Buchs ist einigen Personen Dank auszusprechen. Herrn Johannes Röser von „Christ in der Gegenwart" danke ich für die Ermöglichung, die Klangdimensionen der Liturgie über ein Jahr hinweg bedenken zu können, und für manche Anregung. Frau Elke Steffen-Bancé ist für ihre aufmerksame Korrekturarbeit zu danken. Ein besonderer Dank gilt dem Studenten der kath. Theologie, Herrn Sebastian Lüke, der im Rahmen eines Projektseminars und darüber hinaus wichtige Zuarbeiten geleistet, wertvolle Hinweise gegeben und die Verzeichnisse am Ende des Buchs erstellt hat. Schließlich sei dem Verlag Schnell und Steiner gedankt für die Aufnahme in das Verlagsprogramm und die sorgfältige Betreuung der Drucklegung.

6 Vgl. Albert Gerhards, Gipfelpunkt und Quelle. Intention der Liturgiekonstitution Sacrosanctum Concilium, in: Jan-Heiner Tück (Hg.), Erinnerung an die Zukunft. Das Zweite Vatikanische Konzil, Freiburg i. Br. ²2013, 127–146.

1 Glaube kommt vom Hören

Im Unterschied zu den Augen können wir die Ohren nicht verschließen, wir müssen sie uns zustopfen. Ständig nehmen sie die Geräusche der Umwelt auf. Selbst die Stille, die Abwesenheit von Geräuschen, kann mit Klang erfüllt sein, der aus dem Inneren kommt. Es handelt sich hier um gefüllte Stille im Unterschied zur Leere. In der gegenwärtigen Zeit permanenter Reizüberflutung wird die Abwesenheit von Lärm von vielen Menschen geradezu als bedrückend empfunden. Sie brauchen eine ständige Geräuschkulisse, wie sie uns in Warenhäusern, Restaurants, selbst in Kirchen permanent umgibt. Ansonsten sorgen der Kopfhörer oder der Knopf im Ohr für ständige Musikberieselung. Mit der unaufhörlichen Beschallung, die zudem mit hoher Lautstärke einhergeht, verlieren viele Menschen die Fähigkeit zu differenziertem Hören oder erwerben sie niemals. Damit geht ihnen ein ganzer Kosmos von Erfahrungen und Empfindungen verloren, ein Reichtum, der zur menschlichen Kultur wesentlich hinzugehört.

Um dieser Entwicklung entgegenzuwirken, bedarf es einer Schule des Hörens, wie sie für Romano Guardini am Beginn der Liturgischen Bewegung stand. Aber es ging ihm dabei nicht nur um liturgische Bildung, sondern um Glaubensbildung insgesamt. Der Glaube kommt vom Hören, und richtiges Hören will gelernt sein. Das jüdische Glaubensbekenntnis beginnt nicht wie das christliche Credo mit „Ich glaube", sondern mit den Worten „Shema Israel – Höre, Israel!" (Dtn 6,9). Auf der Menorah an der Knesset in Jerusalem sind diese Worte angebracht: Auch der säkulare Staat Israel bezieht sich auf das Identitätssymbol jüdischen Glaubens. Die Liturgie des Judentums wie des Christentums ist mit ihren vielfältigen Klängen, ihrem Wechsel von Klang und Stille, eine Schule des Hörens. Wer sich auf sie einlässt, wird im Laufe der Zeit immer besser hinhören lernen und feinste Nuancen wahrnehmen. Eine besondere Herausforderung liegt darin, dass die Liturgie der Kirche in einer Zeit entstanden ist, in der die Wahrnehmung der Menschen stärker vom Hören als vom Sehen bestimmt war. Inzwischen sind wir von einer auditiven zu einer visuellen Kultur übergewechselt. Konnten Menschen in früheren Zeiten durch einmaliges Hören auch größere Texte in sich aufnehmen, so sind wir heute auf visuelle Hilfsmittel angewiesen. Viele Menschen können Nachrichtensendungen, die nicht durch Bilder unterstützt werden, kaum mehr verstehen. Immer schwieriger wird es, eine Vorlesung oder einen Vortrag einem Auditorium ohne visuelle Medien angemessen zu übermitteln. Selbstverständlich beschränkt sich die Liturgie nicht auf verbale Vollzüge. Vielmehr bildet sie einen Kosmos von Botschaften, die alle Sinne des Menschen ansprechen. Das Ohr als Empfänger des verkündigten Wortes Gottes behält aber innerhalb der biblischen Religionen einen besonderen Stellenwert: der Glaube kommt vom Hören.

2 Freudenklänge

In der Spaßgesellschaft droht das Gespür für die leisen Töne verloren zu gehen: für ein dankbares Lächeln, einen geflüsterten Dank, einen stillen Händedruck. Solche Äußerungen können mitunter stärkerer Ausdruck innerer Freude sein als lautes Gelächter, schallender Applaus oder dröhnender Jubel. Gewiss gibt es Anlässe zu lautem Jubeln und ungehemmtem, befreitem Lachen. Wahre Freude entsteht aber eher aus einer tiefen Begegnung im Inneren, ist auf aggressive äußere Reize nicht angewiesen und daher auch beständiger. Sie will jedoch eingeübt sein.

Eine Gelegenheit für das Wiederhören und Wiederäußern der leisen Freudenklänge bietet der Advent. Der dritte Sonntag dieser einstmals stillen Zeit trägt seit jeher den Titel „Gaudete – Freut euch!" nach den Worten des Eröffnungsgesangs aus dem Philipperbrief: „Freut euch im Herrn zu jeder Zeit! Noch einmal sage ich: Freut euch! Denn der Herr ist nahe" (Phil 4,4.5b). Es ist noch nicht die laute Freude der Erfüllung, sondern die Stille der Erwartung, die Vorfreude, „denn der Herr ist nahe". Vordergründig geht es um die Erwartung des nahen Festes der Geburt des Herrn. Der Bibeltext und auch die Liturgie haben aber einen anderen Advent, eine andere Ankunft im Blick: das Kommen des Herrn am Ende der Zeit. „Macht euer Herz stark, denn die Ankunft des Herrn steht nahe bevor" heißt es in der zweiten Lesung aus dem Jakobusbrief (Jak 5,8) (Lesejahr A). Tatsächlich wartet die Kirche seit fast 2000 Jahren auf diesen Tag. Wie um die Kraft zum Aufrechterhalten der Vorfreude zu beschwören, legt der eher verhaltene gregorianische Introitusgesang eine starke Betonung auf „jeder Zeit" (semper). Der Spannungsbogen der Vorfreude, wenn er denn bestehen bleibt, trägt über die Anfechtungen der Wartezeit hinweg, wie der lateinische Text fortfährt: „Sorgt euch um nichts, sondern in jedem Gebet mögen eure Bitten bekannt werden bei Gott".

Die verhaltene Vorfreude der Erwartung gibt der ungehemmten Freude der Erfüllung erst ihre innere Qualität und ihren Bestand. Weil sie in schweren Zeiten eingeübt ist, kann sie auch die nächste Krise überdauern. Träger dieser Freude ist selbst die unbelebte Natur: „Die Wüste und das trockene Land sollen sich freuen, die Steppe soll jubeln und blühen. Sie soll prächtig blühen wie eine Lilie, jubeln soll sie, jubeln und jauchzen" (Jes 35,1, erste Lesung Lesejahr A). Auch bei Jesaja geht es um freudige Erwartung, hier um die Vorfreude auf die Ankunft der Herrlichkeit JHWHs. Solche Worte sind nicht leicht dahin gesprochen. Der Prophet weiß, mit wem er es zu tun hat: „Sagt den Verzagten: Habt Mut, fürchtet euch nicht! Seht, hier ist euer Gott!"

Im Adventslied „Macht hoch die Tür" wird der Sohn Gottes als König der Herrlichkeit besungen. „Derhalben jauchzt, mit Freuden singt!" Trotz dieser Emphase ist der Jubel auch hier eher verhalten, geradezu intim: „Komm, o mein Heiland Jesus Christ, meins Herzens Tür dir offen ist." Der Advent will in die leisen Freudenklänge einüben, die nicht bei jeder kleinen Anfechtung verstummen, sondern durchtragen auch in schweren Zeiten, wenn einem das laute Lachen im Halse steckenbleibt: „Noch einmal sage ich: Freut euch! Denn der Herr ist nahe."

3 „Stille Zeit"

Längst ist der Advent auch im Bewusstsein vieler Christen nicht mehr die stille Zeit, die er einmal war: ohne laute Tanzvergnügen und feierliche Hochzeiten, ohne das festliche Gloria, glanzvolle Orgelmusik und üppigen Blumenschmuck in der Kirche, eine Zeit der Besinnung und Erwartung. Im November 2010 ließ eine Nachricht aus Aachen aufhorchen: „Lange Stille vor der stillen Nacht." Wegen der kräftigen Erhöhung der GEMA-Gebühren haben die Verantwortlichen für den Aachener Weihnachtsmarkt beschlossen, auf die Dauerberieselung mit Weihnachtsmusik zu verzichten. Die Händler befürchten Umsatzeinbußen, während manche die lange Stille vor der Stillen Nacht als wahre Chance zur Besinnung ansehen.

Das für die Regelung der Festzeiten zuständige Dokument, die Grundordnung des Kirchenjahres und des neuen Römischen Generalkalenders, bezeichnet die Adventzeit als „eine Zeit hingebender und freudiger Erwartung". Sie ist einerseits „Vorbereitungszeit auf die weihnachtlichen Hochfeste mit ihrem Gedächtnis des ersten Kommens des Gottessohnes zu den Menschen." Andererseits lenkt sie „die Herzen hin zu Erwartung der zweiten Ankunft Christi am Ende der Zeiten." Zwar gilt die Adventzeit nicht mehr als Bußzeit, jedoch deutet schon die violette Gewandfarbe auf den ernsten Charakter hin. Die Liturgie, angefangen von den gregorianischen Gesängen bis hin zum deutschen Kirchenlied, zieht dementsprechend auch die eher dunklen Register, etwa im Lied „Die Nacht ist vorgedrungen" (Gotteslob 220) von Jochen Klepper aus dem Jahr 1938. Der mit einer jüdischen Frau verheiratete evangelische Dichter wusste gewiss um das Dunkel im menschlichen Leben, aus dem er keinen innerweltlichen Ausweg sah. So schließt das Lied mit der eschatologischen Aussage: „Gott will im Dunkel wohnen / und hat es doch erhellt. / Als wollte er belohnen, so richtet er die Welt. / Der sich den Erdkreis baute, / der lässt den Sünder nicht. / Wer hier dem Sohn vertraute, kommt dort aus dem Gericht." Wie beim adventlichen Gleichnis von den klugen und törichten Jungfrauen kommt der Herr auch hier in der Mitte der Nacht: „Gott will im Dunkel wohnen / und hat es doch erhellt." Selbst noch in der Weihnachtszeit, wenn das älteste Weihnachtslied, das Gloria in excelsis Deo, längst wieder festlich erklungen ist, erinnert die Liturgie daran, dass das Geheimnis unseres Lebens letztlich den Augen und Ohren verborgen bleibt. So lautet eine alte Antiphon der Weihnachtszeit, jetzt der Introitus des Zweiten Sonntags nach Weihnachten: „Als tiefes Schweigen alles umfing und die Nacht in ihrem Lauf die Wegmitte erreicht hatte, da kam dein allmächtiges Wort, Herr, vom Himmel, vom königlichen Thron" (nach Weish 18,14–15). Vielleicht tut ein heiliges Schweigen Not, um die Heilige Nacht wieder als Weih-nacht erfahren zu können. Dazu kann ein wenig stille Zeit, eine Askese der Ohren, hilfreich sein.

4 Himmelsklang

Wie klingt Himmel? An Weihnachten glauben wir es zu wissen: wie Glockengeläut, süßer Gesang oder liebliche Instrumentalmusik. So jedenfalls kennen wir es von unzähligen Darstellungen der Weihnachtsgeschichte, die unsere Vorstellungen von der „himmlischen Musik" geprägt haben. Eine berühmte Darstellung befindet sich im Weihnachtsbild des Isenheimer Altars von Matthias Grünewald. Natürlich handelt es sich um Projektionen von Erfahrungen durchaus irdischer Musik, worauf schon die zeitgenössischen Musikinstrumente hinweisen. Die biblische Quelle dieser Vorstellungen ist die Verkündigung an die Hirten in der Weihnachtsgeschichte: „In jener Gegend lagerten Hirten auf freiem Feld und hielten Nachtwache bei ihrer Herde. Da trat der Engel des Herrn zu ihnen, und der Glanz des Herrn umstrahlte sie. ... Und plötzlich war bei dem Engel ein großes himmlisches Heer, das Gott lobte und sprach: Verherrlicht ist Gott in der Höhe, und auf Erden ist Friede bei den Menschen seiner Gnade." (Lk 2,8–14). Die Liturgie der Kirche versteht sich als Teilhabe an der himmlischen Liturgie. Die Liturgiekonstitution sagt dazu: „In der irdischen Liturgie singen wir dem Herrn mit der ganzen Schar des himmlischen Heeres den Lobgesang der Herrlichkeit" (SC 8). Diese Worte beziehen sich besonders auf einen anderen Engelgesang der Liturgie, auf das Sanctus innerhalb des Eucharistischen Hochgebetes. In dessen biblischer Quelle, der Berufungsvision des Propheten Jesaja (Jes 6,1–5), handelt es sich jedoch keineswegs um lieblichen Gesang, sondern eher um Kriegslärm. Der Prophet hat in der Tat alles andere zu verkünden als Frieden, von dem die Weihnachtsbotschaft spricht. Bei genauerem Hinsehen ergeht seine Berufung auch nicht innerhalb einer Himmelsvision, sondern einer mystischen Erfahrung im irdischen Tempel. Gemäß einer späteren christlichen Interpretation hat erst der menschgewordene Gottessohn die Melodie der Engel auf die Erde gebracht. Nur dadurch sei die Kirche in der Lage, gemeinsam mit den himmlischen Heerscharen zu singen. Andererseits trägt der leibhaft Auferstandene bei seiner Himmelfahrt den Gesang der Irdischen in den Himmel hinauf, so dass nun auch die himmlischen Chöre den Gesang der irdischen lernen. So singen in der Deutung von Himmelfahrtpredigten östlicher Kirchenväter die Engel im Himmel das Hosianna, den Gesang der Kinder Jerusalems beim feierlichen Einzug Jesu vor seinem Leiden.

Wenn man diese Äußerung ernst nimmt, dann feiert die Kirche schon jetzt himmlische Liturgie, aber nicht im Sinne der Übernahme von etwas anderem, sondern im Sinne des Vollzugs des Eigenen. Das ist im Grunde der Kern der weihnachtlichen Botschaft, wie sie im Gloria der Messe nicht nur an Weihnachten, sondern an den meisten Sonn- und Feiertagen im Kirchenjahr erklingt: „Himmelsklang", himmlische Harmonie, ist dann verwirklicht, wenn Gott die Ehre gegeben wird. Ehre wird ihm zuteil, wenn die Menschen in Frieden leben, nach seinem Wohlgefallen.

5 Wo die Zimbeln klingen

In dulci jubilo

In dulci jubilo
nun singet und seid froh:
Unsers Herzens Wonne
liegt in praesepio
und leuchtet wie die Sonne
matris in gremio.
Alpha es et O,
Alpha es et O.

O Jesu parvule,
nach dir ist mir so weh.
Tröst mir mein Gemüte,
o puer optime.
Durch alle deine Güte,
o princeps gloriae,
|: trahe me post te! :|

Ubi sunt gaudia?
Nirgend mehr denn da,
da die Engel singen
nova cantica,
Und die Schellen klingen
in regis curia.
|: Eia, wär'n wir da! :|

Mater et filia
ist Jungfrau Maria;
wir wären gar verloren
per nostra crimina:
So hast du uns erworben
celorum gaudia.
|: Maria, hilf uns da! :|

„In dulci jubilo" schallt es in der Vorweihnachtszeit an allen Orten. Der „süße Jubel" verleitet freilich leicht dazu, das Lied bloß als einen akustischen Aufwärmer für glühweinselige Weihnachtsstimmung anzusehen. Weit gefehlt: Bei näherer Betrachtung erweist es sich als ein „Fenster zur

Ewigkeit", so der Germanist Hermann Kurzke. Wie kaum ein anderer Gesang versetzt das bekannte Weihnachtslied in die Klangwelt „himmlischer Liturgie". Was da so scheinbar naiv als „makkaronische Dichtung" daherkommt, d. h. als eine volkstümliche Mischung aus lateinischen und deutschen Textstücken, ist in Wirklichkeit ein theologisch tiefgründiger Text aus der mittelalterlichen Dominikanermystik. Er wird Heinrich Seuse († 1366) zugeschrieben, ist womöglich aber älter. Die Textgeschichte des Liedes in Hinblick auf Wortlaut, Struktur und Zahl der Strophen ist äußerst kompliziert. Im „Gotteslob" sind drei Strophen abgedruckt (GL 253). Es geht darin um die Betrachtung des Kindes in der Krippe, „unsers Herzens Wonne." Dass es sich nicht um ein gewöhnliches Kind handelt, darauf deuten die Aussagen hin „und leuchtet wie die Sonne/ matris in gremio" sowie „Alpha es et O" (Du bist Alpha und Omega, Anfang und Ende: Offb 21,6; 22,13): Der ewige Sohn Gottes tritt in Erscheinung als Sonne der Gerechtigkeit (Mal 3,20; vgl. Offb 21,23 f.; Jes 60), inthronisiert auf dem Schoß der Mutter. In der zweiten Strophe kommt das betrachtende Ich ins Spiel mit der sehnsuchtsvollen Bitte um tröstende Nähe. Das Kindlein Jesus, der Puer optime (vgl. Jes 9,5–6) ist zugleich der Fürst der Herrlichkeit. Die letzte Bitte „Zieh mich her hinter dir!" (Trahe me post te) ist dem Hohelied (Hld 1,4) entlehnt, ganz der mittelalterlichen Mystik entsprechend. Hier ist es nicht mehr das hilflose Kind, sondern der machtvoll Auferstandene und zum Vater Heimkehrende, der das sprechende Ich gleich Adam und Eva in der Osterikone aus der Unterwelt in den Himmel hinaufzieht. Die dritte Strophe vollzieht dann auch den Szenenwechsel vom Stall zum himmlischen Königshof (regis curia), wo die wahren Freuden sind: Die Engel singen „neue Lieder" – eine Anspielung an das „canticum novum" der Exodus- und Ostertradition (vgl. Ex 15; Ps 33,3; Offb 5,9) – und es klingen die Zimbeln – oder sind es Schellen oder Harfen, wie es in anderen Textversionen heißt? In jedem Fall geht es um festlichen Lobgesang und Instrumentalmusik, wie sie in der Bibel immer wieder vorkommen (Ps 150). Anders als im irdischen kommt das Singen und Spielen im himmlischen Jerusalem aber nie mehr zum Verstummen, der „süße Jubel" nimmt kein Ende.

In dem bekannten Lied von Philipp Nicolai „Wachet auf, ruft uns die Stimme" (1599), vertont in der Kantate Johann Sebastian Bachs zum Ende des Kirchenjahres (BWV 140), findet sich ein Bezug auf das Lied „In dulci jubilo." Wie im Lied verbinden sich auch hier Motive aus dem Hohelied und der Apokalypse. Die dritte Strophe „Gloria sei dir gesungen" eint Menschen und Engel im unaufhörlichen Lobgesang: „Wir sind Consorten (d. h. Schicksalsgenossen)/ der Engel hoch um deinen Thron." Und sie endet: „Des sind wir froh / jo, ijo! / Ewig in dulci iubilo."

6 Die Stimme vom Himmel

Zweimal tritt im Festkreis von Weihnachten die Gestalt des Täufers in Erscheinung: im Advent als die Stimme des Rufers in der Wüste und am Fest der Taufe Jesu mit dem Evangelium von der Taufe im Jordan, wo die Stimme vom Himmel Jesus als Gottes Sohn offenbart. Gotteserscheinungen vollziehen sich nicht nur visuell wie bei der Taufe Jesu in Gestalt einer Taube. Das Zeugnis geschieht vor allem verbal, hier durch die Stimme vom Himmel. Das Göttliche bricht in die Sphäre der Menschen ein, freilich auf Menschenart, das heißt in verständlichen Worten.

Im Unterschied zu den synoptischen Evangelien tritt im Johannesevangelium der Täufer als Zeuge auf, er selbst ist die Stimme: „Seht das Lamm Gottes, das die Sünde der Welt hinwegnimmt" (Joh 1,29). Die Bilder der Gotteserscheinungen, wie sie in der antiken Welt überall vorkommen, werden in der biblischen Überlieferung zwar übernommen, in wesentlichen Zügen aber relativiert: Es ist nicht der Deus ex machina, der hier wie ein Theaterdonner herunterschallt. Durch die Menschwerdung Jesu wird das Wort Gottes der menschlichen Stimme anvertraut. Dies gilt für den Vorläufer Johannes, der „Stimme in der Wüste", wie für die Zeuginnen und Zeugen der frohen Botschaft, für die Amtsträger und alle Getauften gleichermaßen. Die „Stimme vom Himmel" erschallt immer dann, wenn das Wort Gottes verkündet und im Glauben angenommen wird. Das bedeutet ständige Umkehr und Neuausrichtung auf das Wort. Bei der Verklärung Jesu wird die Stimme wieder zu vernehmen sein: „Das ist mein geliebter Sohn, auf ihn sollt ihr hören" (Mk 9,7).

Somit stehen wir am Ende der Weihnachtszeit wieder vor einem neuen Advent. Die Stimme des Rufers begleitet uns das ganze Jahr, das ganze Leben hindurch. Der klassische Adventhymnus zur Laudes, eine Nachdichtung eines frühmittelalterlichen lateinischen Hymnus, mahnt zur Wachsamkeit: „Hört, eine helle Stimme ruft/ und dringt durch Nacht und Finsternis:/ wacht auf und lasset Traum und Schlaf – / am Himmel leuchtet Christus auf." Christus ist das Morgenlicht, vor dem jegliches Dunkel, auch das der Sünde und des Todes, weichen muss. Die dritte Strophe begründet diesen Anspruch unter Bezugnahme auf die Taufszene: „Vom Himmel wird als Lamm gesandt / der alle Sünde auf sich nimmt./ Wir blicken gläubig zu ihm auf / und bitten ihn um sein Verzeihn." Am Ende steht der Ausblick auf die Wiederkunft Christi mit der demutsvollen Bitte, dass er uns liebend bei sich bergen möge.

In jeder Eucharistiefeier wird die Begegnung mit dem Lamm Gottes, das die Sünde der Welt hinwegnimmt, aufs Neue geschenkt. Dem Vernehmen der Stimme „Seht das Lamm Gottes!" und dem Anschauen der Gestalt des Brotes entspricht die Antwort im Gebet: „Sprich nur ein Wort, so wird meine Seele gesund!" Die Stimme vom Himmel erklingt allenthalben – wir müssen nur auf sie hören.

7 Glockenklang

„Süßer die Glocken nie klingen als zu der Weihnachtszeit ..." Wem klingen nach überstandenen Feiertagen nicht noch die Ohren von derart süßlichen Melodien! Weihnachten ohne Glocken – seien sie aus Metall oder aus Schokolade – undenkbar! Dabei hat es Glocken keineswegs immer gegeben, in den ersten christlichen Jahrhunderten waren sie unbekannt. Ihr Ursprung liegt im fernen Orient, bezeugt unter anderem im alten China. Seit dem 5. Jahrhundert sind sie im Abendland in Gebrauch, zunächst in Klöstern. Durch irische Wandermönche verbreiteten sie sich bis zum 8. Jahrhundert in ganz Mitteleuropa. Ursprünglich hatten Glocken die Form einer gebogenen Platte (Synandron), erst später erhielten sie die bekannte Glockenform. In der frühen Zeit waren sie noch aus Eisenblech genietet. Sie lösten die Schlagbretter ab, die schon vorher zum Anzeigen der Gottesdienstzeiten dienten. Die Klappern während der Kartage sind noch ein spätes Relikt davon. Die heutige Glockenform entwickelte sich in der Zeit der Gotik. Die Kelchform erwies sich als die klanglich am besten geeignete. Die Zusammensetzung der Metalllegierung ist für den Klang ebenfalls von großer Bedeutung. Glocken haben einen physikalisch nicht messbaren Hauptton, der beim Anschlag stark, aber nur kurz dominiert. Daneben erzeugen die Teilschwingungen des Glockenkörpers Töne in verschiedenen, teilweise dissonanten Frequenzverhältnissen.

In christlichen Kirchen werden Glocken zu einem Geläut vereinigt. Dies ermöglicht, eine Läuteordnung gemäß den unterschiedlichen Anlässen im Kirchenjahr oder den jeweiligen Tageszeiten zu erstellen. Außerdem ergeben die Glocken benachbarter Kirchen, wenn sie aufeinander abgestimmt sind, eine eigene konzertante Harmonie.

In früheren Zeiten gehörte Friedrich Schillers berühmtes „Lied von der Glocke" (1799) zum Kernbestand der auswendig zu lernenden Gedichte: „Fest gemauert in der Erden/ Steht die Form, aus Lehm gebrannt./ Heute muß die Glocke werden,/ Frisch, Gesellen, seid zur Hand." Die Glocke steht in diesem Gedicht für menschliches Sein überhaupt, denn Glockenklänge begleiten die Menschen ein Leben lang, von der Geburt bis zum Tod: „Von dem Dome,/ Schwer und bang,/ Tönt die Glocke/ Grabgesang./ Ernst begleiten ihre Trauerschläge/ Einen Wandrer auf dem letzten Wege."

Schillers Gedicht spricht aber nicht nur von heiliger Harmonie. In Zeiten der Revolution und des Aufruhrs, wenn „sich alle Bande frommer Scheu" lösen, mutiert der Glockenklang zum Kriegslärm: „Da zerret an der Glocke Strängen/ Der Aufruhr, daß sie heulend schallt/ Und, nur geweiht zu Friedensklängen,/ Die Losung anstimmt zur Gewalt." Die Glocke war aufgrund der Tragweite ihres Klangs das wirksamste Kommunikationsmittel. Das erklärt die hohe symbolische Bedeutung, die ihr nicht zuletzt in Schillers Lied von der Glocke zugemessen wird, das mit einem fast weihnachtlichen Ausblick endet: „Jetzo mit der Kraft des Stranges/ Wiegt die Glock mir aus der Gruft,/ Daß sie in das Reich des Klanges/ Steige, in die Himmelsluft./ Ziehet, ziehet, hebt!/ Sie bewegt sich, schwebt,/ Freude dieser Stadt bedeute,/ Friede sei ihr erst Geläute."

8 Läuteordnung

Ausgerechnet am höchsten Fest des Kölner Doms, am Dreikönigstag 2011, fiel während des Läutens zum Hochamt der Klöppel von der größten frei schwingenden Glocke der Welt, der Petersglocke. Das war auch überregionalen Zeitungen immerhin einen Zweispalter wert. In Köln wird das 24 Tonnen schwere Ungetüm der „Dicke Pitter" genannt. Nur selten erklingt die Glocke im Verlauf des Jahres. Lediglich an den Hochfesten und an wenigen herausragenden Ereignissen, wie dem Tod des Papstes oder des Erzbischofs, ist sie zu hören. Auch diesmal waren zahlreiche Liebhaber des besonderen Glockenklangs eigens angereist. Groß war das Entsetzen, als der tiefe Glockenschlag plötzlich aussetzte.

Wie der Kölner Dom kennen viele größere und kleinere Kirchen mit einem ausgeprägten Geläut eine oft bis ins kleinste geregelte und ausdifferenzierte Läuteordnung, mit der ein ganzer Kosmos von Botschaften vermittelt werden kann. Es handelt sich dabei nicht um eine spielerische Marotte, vielmehr sprechen Glocken eine Sprache, die durch keine digitale Kommunikationstechnik ersetzt werden kann. Das erklärt die Faszination der Glocken, ihrer Herstellung und ihres Gebrauchs auch in heutiger Zeit, selbst in laizistischen Gesellschaften wie Frankreich. So wurden die Glockentürme von Notre-Dame in Paris Anfang 2013 mit neun neuen Glocken versehen, um den Klang vor der französischen Revolution, in deren Verlauf die alten Glocken zerstört wurden, wieder erklingen zu lassen. So behält das in dem romantischen „Schäfers Sonntagslied" zum Ausdruck gebrachte Lebensgefühl auch heute noch seine Gültigkeit: „|: Das ist der Tag des Herrn! :| Ich bin allein, ich bin allein, auf weiter Flur,/ Noch eine Morgenglocke nur! / Noch eine, eine Morgenglocke nur!/ Nun stille nah', nun stille nah' und fern! / Anbetend knie ich hier!"

Die hohe Wertschätzung hängt mit der Bedeutung der Glocken für das Leben früherer Generationen zusammen. Als es noch keine Uhren für jedermann gab, war man auf die Glockenzeichen angewiesen, die bestimmte Tageszeiten markierten. Dies war auch zu den Zeiten der Fall, als es noch keine Kirchturmuhren mit Glockenschlag gab. Hier mussten Glöckner dafür sorgen, dass die wichtigen Zeitpunkte angekündigt wurden. Glockengeläut war also nicht nur auf die liturgischen oder allgemeinreligiösen Momente bezogen, sondern betraf das ganze Leben, insofern es auf Gleichzeitigkeit angewiesen war. So hatte die Morgen-, Mittags- und Abendglocke nicht nur die Bedeutung, dass zu diesen Zeiten das Angelusgebet gesprochen wird – ein Brauch, der sich seit dem 16./17. Jahrhundert durchgesetzt hat – sondern durch das Glockengeläut wurde das bürgerliche Leben, wurden Arbeitsbeginn, Mittagspause und Arbeitsende, gekennzeichnet. Daneben gab es zahlreiche Funktionen der Glocken im bürgerlichen Leben, etwa anlässlich von Ratssitzungen, wie im Leben einzelner Personen, zu Taufen,

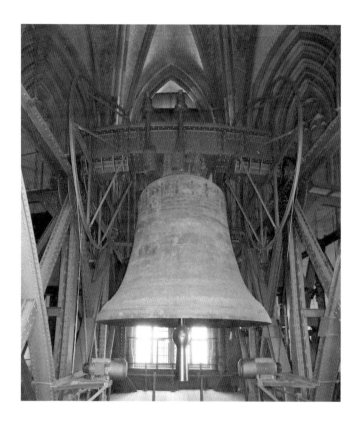

Hochzeiten oder Beerdigungen. Aufgrund ihrer akustischen Präsenz im öffentlichen Raum überwinden Glocken die Grenzen von sakral und profan. Sie erinnern im geschäftigen Trubel des Alltags an eine andere Welt. Der jüdische Dichter Paul Celan bezieht sich in seinem Gedicht „Stimmen" auf das Glockengeläut: „Stimmen, nachtdurchwachsen, Stränge/ an die du die Glocke hängst.// Wölbe dich, Welt:/ Wenn die Totenmuschel heranschwimmt,/ will es hier läuten."

9 Glockenweihe

Ihrer religiösen Bedeutung entsprechend werden Glocken feierlich geweiht. Seit alters her kommen dabei Psalmen vor, insbesondere Psalm 150. Darin wird Gott nicht nur durch die menschliche Stimme, sondern auch durch vielerlei Instrumente gelobt. Die Glocke wird im Kontext der Weihe also als ein Instrument verstanden, das dem Gotteslob dient. Allerdings ist sie nicht nur Stimme der Kirche, also Stellvertreterin für die Menschen, die zum Gotteslob zusammenkommen oder jeder für sich zu bestimmter Stunde beten. Auch Psalm 28, in dem von der Stimme Gottes die Rede ist, spielt in der Glockenweihe eine Rolle. Hier wird die Theophanie Gottes im Gewitter beschrieben, das freilich nicht als etwas Bedrohliches verstanden wird, sondern als eine Stärkung für das Volk Gottes. Tatsächlich wurden Glocken (und werden teilweise bis heute) verwendet, um bei Gewitter die Angst der Menschen zu vertreiben. Auch Schillers „Lied von der Glocke" trägt das lateinische Emblem: „Vivos voco, mortuos plango, fulgura frango – Die Lebenden rufe ich, die Toten beweine ich, die Blitze breche ich." Früher glaubte man, dass der durch die Glocken erzeugte Lärm das Gewitter verscheuchen könnte. Tatsächlich aber lag der Ursprung des Läutens bei drohendem Unwetter neben der Warnfunktion für die Bevölkerung darin, dass das Glockengeläut als Stimme Christi interpretiert wurde, der dem Unwetter Einhalt bot, als ihn die Jünger beim Sturm auf dem See voller Angst und Schrecken um Hilfe riefen (Mt 8,23–27).

Im heutigen Weihegebet heißt es: „Herr des Himmels und der Erde, dich preist deine Schöpfung. Im Himmel und auf der Erde erschallt dein Lob. Voll Vertrauen bitten wir dich: Segne diese Glocken, die dein Lob künden. Sie sollen deine Gemeinde zum Gottesdienst rufen, die Säumigen mahnen, die Mutlosen aufrichten, die Trauernden trösten, die Glücklichen erfreuen und die Verstorbenen auf ihrem letzten Weg begleiten. Segne alle, zu denen der Ruf dieser Glocken dringen wird, und führe so deine Kirche von überall her zusammen in dein Reich." (Benediktionale 164).

Eine wichtige Funktion nach dem Weihegebet ist also die, die Gemeinde zum Gottesdienst zusammenzurufen. Hier kann aufgrund der gestuften Feierlichkeit der Charakter des Tages zum Ausdruck gebracht werden. Eine weitere gottesdienstliche Funktion ist das so genannte Wandlungsläuten, das während des Eucharistischen Hochgebets neben dem Schellenklingeln der Messdiener an vielen Orten noch üblich ist. Hier soll das Läuten Ehrerbietung zum Ausdruck bringen. In einigen Gegenden ist es üblich, ebenfalls bei der Evangeliumsverkündigung zu läuten. Auch am Ende feierlicher Gottesdienste wird geläutet, insbesondere dann, wenn nach altem Brauch das Te Deum, der große Lobpreis Gottes, angestimmt wird. Glocken sind also auf engste Weise mit der Gemeinde verbunden. Das erklärt den Brauch, die Glocken auf die Namen von Heiligen, insbesondere der Pfarrpatrone, zu „taufen". Bei der

Weihe fungieren Glocken gleichsam als menschliche Subjekte. Das Zeichen des Besprengens mit Wasser ist eine Erinnerung an die Taufe, durch die der Täufling in eine neue Gottesbeziehung eintritt. Der Weihrauch symbolisiert das aufsteigende Gebet (Ps 141,2), das Chrisam erinnert an die Stärkung und Sendung zum Zeugnis in der Welt durch die Firmung. Die Chorweiler Friedensglocke von 2014 mit den Abdrücken von Kinderhänden an den Erdteilen verkörpert diesen Zusammenhang.

10 Weinen vor Gott?

Zu den verpönten Gefühlsregungen des aufgeklärten Menschen gehört das Weinen, vor allem, wenn es sich nicht auf die still verdrückte Träne beschränkt, sondern sich in lautem Schluchzen und Klagen äußert. In früheren Zeiten gehörte Weinen – z. B. die laute Trauerklage – zum Repertoire gesellschaftlicher Umgangsformen. Im Alten wie im Neuen Testament ist immer wieder davon die Rede. Weinen ist nicht zuletzt eine angemessene Weise, sich Gott zu nähern. So jedenfalls sieht es die liturgische Tradition, die Psalm 95(94) als so genanntes Invitatorium an den Beginn eines jeden Tages stellt, noch vor das eigentliche Tagzeitengebet. Die Verse 6–7 bilden auch den Introitusvers der Messe vom 5. Sonntag im Jahreskreis. Das Messbuch übersetzt in Anlehnung an die auf dem hebräischen Text basierende Einheitsübersetzung: „Kommt, lasst uns niederfallen, uns verneigen vor dem Herrn, unserem Schöpfer! Denn er ist unser Gott." Die lateinische Introitusantiphon aus dem gregorianischen Repertoire hält sich dagegen an die Vulgata des hl. Hieronymus, die wiederum auf dem griechischen Alten Testament, der Septuaginta, fußt: „Kommt, lasst uns anbeten Gott und lasst uns niederfallen vor dem Herrn. Wir wollen weinen vor ihm, der uns geschaffen hat; denn er selbst ist der Herr, unser Gott." Der Alttestamentler Frank-Lothar Hossfeld bemerkt dazu, dass die Septuaginta durch die Wiedergabe von „wir wollen niederknien" mit „wir wollen weinen" den Psalm insgesamt als eine Bußliturgie interpretiert, „als kollektive Trauer über das gefährdete Bundesverhältnis des Volkes zu JHWH." Gott wird in diesem Psalm als Hirt seines Volkes bezeichnet, eine Abwandlung der Bundesformel, woran sich die Mahnung oder Warnung anschließt: „Ach, würdet ihr doch heute auf seine Stimme hören!" (Vers 7). Die Geschichte Israels ist voll von Erfahrungen der Untreue gegenüber Gott. Hier wird exemplarisch auf das Fehlverhalten in der Wüstenzeit hingewiesen. Es droht nichts weniger als der Verlust der Verheißung: „Darum habe ich in meinem Zorn geschworen: Sie sollen nicht kommen in das Land meiner Ruhe" (Vers 11). In der Rede vom guten Hirten nimmt Jesus auf die Gefahren Bezug, die nun aber in Gestalt von Dieben und Räubern daherkommen: Die Schafe können den wahren Hirten von den falschen unterscheiden, sie folgen ihm, „denn sie kennen seine Stimme" (Joh 10,4). Jesu Sendung betrifft nicht nur das erwählte Volk: „Ich habe noch andere Schafe, ... und sie werden auf meine Stimme hören" (Joh 10,16).

Zu Beginn eines jeden Tages bekennt sich die Kirche als Gemeinschaft derer, die in die Irre gegangen sind und dies vor Gott bekennen. Jeder Tag beginnt mit einem „Weinen vor Gott", der Erkenntnis der unwiederbringlich verpassten Gelegenheit. Gerade dies begründet aber die Hoffnung auf eine neue Chance. In der wohl berühmtesten Autobiographie der Weltliteratur, in den Confessiones, schildert der hl. Augustinus den entscheidenden

Moment seiner endgültigen Bekehrung, bei dem Weinen und Hören (auf das Wort Gottes) eine Rolle spielen: „Ich aber warf mich, ohne zu wissen wie, unter einem Feigenbaume auf den Boden und ließ meinen Tränen freien Lauf; und wie Ströme brach es aus meinen Augen hervor, dir ein wohlgefällig Opfer; zwar nicht mit denselben Worten, aber doch in demselben Sinne sprach ich zu dir: ‚Und du, o Herr, wie lange noch? Wie lange noch wirst du zürnen bis zum Ende? Sei unserer vorigen Missetaten nicht eingedenk!' Denn ich fühlte, wie sie mich festhielten, und stieß die Klagelaute aus: ‚Wie lange noch? Wie lange noch: Morgen und immer wieder morgen? Warum nicht sogleich? Warum soll diese Stunde nicht das Ende meiner Schande bedeuten?' So sprach ich und weinte in der größten Bitterkeit meines Herzens. Und siehe, ich höre da aus dem benachbarten Hause die Stimme eines Knaben oder eines Mädchens in singendem Tone sagen und öfters wiederholen: ‚Nimm und lies, nimm und lies.'" Also gilt: „Ach, würdet ihr doch heute auf seine Stimme hören!"

11 Das Ohr des Herzens

Abendständchen

Hör', es klagt die Flöte wieder,
Und die kühlen Brunnen rauschen.
Golden weh'n die Töne nieder,
Stille, stille, laß uns lauschen!

Holdes Bitten, mild Verlangen,
Wie es süß zum Herzen spricht!
Durch die Nacht, die mich umfangen,
Blickt zu mir der Töne Licht!

Clemens Brentano

„Höre, mein Sohn, auf die Weisung des Meisters, neige das Ohr deines Herzens, nimm den Zuspruch des gütigen Vaters willig an und erfülle ihn durch die Tat!" So beginnt einer der einflussreichsten Texte des abendländischen Christentums, die Regel des hl. Benedikt. Der bekannte Kanon „Schweige und höre, neige deines Herzens Ohr!" von Michael Hermes nimmt darauf Bezug. Es gibt offenbar noch ein anderes Hören als das bloße Vernehmen von Geräuschen. Dieses Hören verlangt eine innere Einstellung, die zu unterscheiden vermag und das Innere für das Wesentliche öffnet. Das Tagesgebet des 6. Sonntags im Jahreskreis bittet um jene Wahrnehmungsfähigkeit: „Gott, du liebst deine Geschöpfe, und es ist deine Freude, bei den Menschen zu wohnen. Gib uns ein neues und reines Herz, das bereit ist, dich aufzunehmen." Das Wesentliche im Leben kann leicht an den äußeren Sinnen vorbeirauschen. „Man sieht nur mit dem Herzen gut. Das Wesentliche ist für die Augen unsichtbar", sagt der Fuchs zum kleinen Prinzen in der berühmten Erzählung von Antoine de Saint-Exupéry. Wie aber lernt man mit dem Herzen sehen und hören? Paulus gibt im Ersten Korintherbrief darauf eine Antwort. Im ersten Kapitel ist zunächst von der „Torheit des Kreuzes" die Rede, der Verkündigung Jesu als des Gekreuzigten. Es handelt sich um das „Geheimnis der verborgenen Weisheit Gottes", wie es im zweiten Kapitel (zweite Lesung, 6. Sonntag A) heißt. Diese wurde von den „Machthabern dieser Welt" nicht erkannt – sonst hätten sie Jesus nicht gekreuzigt. „Nein, wir verkündigen, wie es in der Schrift heißt, was kein Auge gesehen und kein Ohr gehört hat, was keinem Menschen in den Sinn gekommen ist: das Große, das Gott denen bereitet hat, die ihn lieben." (1 Kor 2,9). Die Liebe ist der Schlüssel zum „Ohr des Herzens". Ist es geöffnet, kann das Herz zum Herzen sprechen. Und hier gibt es keinen Widerspruch zwischen „weltlicher" und „geistlicher" Sprache der Liebe, wenn diese denn aus ganzem Herzen kommt. Sie lässt Töne sehen und Farben hören, wie es in einem Liebesgedicht der Romantik von Clemens Brentano heißt: „Hör, es klagt die Flöte wieder,/ Und die kühlen Brunnen rauschen./ Golden wehn die Töne nieder,/ Stille, stille laß uns lauschen!// Holdes Bitten, mild Verlangen,/ Wie es süß zum Herzen spricht!/ Durch die Nacht, die mich umfangen,/ Blickt zu mir der Töne Licht." In Philipp Nicolais Lied „Wie schön leuchtet der Morgenstern" (GL 357) geht es auch um die Sprache des Herzens. Sehen und Hören und Schmecken kommen hier zusammen: „Von Gott kommt mir ein Freudenschein,/ wenn du mich mit den Augen dein/ gar freundlich tust anblicken./ Herr Jesu, du mein trautes Gut,/ dein Wort, dein Geist, dein Leib und Blut/ mich innerlich erquicken." Wie in der Regel des hl. Benedikt folgt auch hier auf das Hören (und Sehen) die Tat, nämlich der Lobpreis Gottes in Fest und Alltag: „Stimmt die Saiten der Kithara,/ und lasst die süße Musica/ ganz freudenreich erschallen,/ dass ich möge mit Jesus Christ,/ der meines Herzens Bräutgam ist,/ in steter Liebe wallen./ Singet, springet, jubilieret, triumphieret, dankt dem Herren./ Groß ist der König der Ehren."

12 Nachklang des Kommenden – Kirchenmusik als Klang der Ewigkeit

Liturgie lässt sich als eine Zeitkunst beschreiben, in der Vergangenheit und Zukunft im Jetzt zusammenfallen. Die Musik als Wesensbestandteil der Liturgie hat hier eine besondere Stellung, insofern sie am transitorischen Charakter alles Zeitlichen teilhat und doch gleichsam im Vorübergang die Ahnung des Kommenden vermittelt. Hier ist ein Vergleich mit dem Bild angebracht. Der Fundamentaltheologe Jürgen Werbick setzt gegen die ungebrochene Anschaulichkeit des Bildes die Metapher, die nicht abbildet, sondern einbildet, indem sie zum Vergleich provoziert und als Zumutung die Einbildungskraft umkehrt bis hin zur Zerstörung falscher Bilder. Anschaulichkeit wird in biblischen Überlieferungen zugleich evoziert und entzogen. Als Beispiel dient die Gotteserscheinung vor Elia im Windhauch (1 Kön 19,11f): „Der Windhauch ist gleichsam ein letzter ‚Rest' von Anschaulichkeit diesseits der Unanschaulichkeit des sendenden Wortes, der überhörbaren Stimme, die den Propheten zu seinem Auftrag ruft und ihn für seinen Weg stärkt." Das gilt nicht anders für die Anschaulichkeit des Fleisch gewordenen göttlichen Wesenswortes, die eben nicht dingfest gemacht werden kann: „Sie ist im genauen Wortsinn das Vorübergehende – der Auferstandene geht zum Vater – dem man ‚nur' nachfolgen kann (Joh 20,17). Zwar gilt für Christen: ‚Er ist das Bild des unsichtbaren Gottes' (Kol 1,15; vgl. 2 Kor 4,4); wer ihn gesehen hat, der hat den Vater gesehen (Joh 14,9f). Aber dieses Sehen muß sich an das Wort halten, das den Vorübergegangenen als den Vorausgehenden und in die Nachfolge Rufenden vergegenwärtigt, muß sich vom Geist – dem leisen Windhauch – ‚berühren' lassen, der an den Glaubenden wahrmachen will, was im ‚Vorübergegangenen' schon geschehen ist und sich nun den Augen entzieht".

Was Werbick in Bezug auf die Metapher ausführt, lässt sich weitgehend auf die Liturgie – und dementsprechend auf die Musik in der Liturgie – anwenden. Sie ist wesentlich Anamnese, Vergegenwärtigung von Gottes heilsamem Handeln in der Geschichte der Menschheit. Dies geschieht „dialogisch", d. h. in einem Prozess personaler Mitteilung, die aber nicht dingfest zu machen ist und sich einer abbildhaften Anschaulichkeit entzieht. Liturgische Präsenz ist symbolisch-sakramental, wie im Vorübergehen, und nicht plakativ-manifest. Die Wirkdimension der Kirchenmusik liegt in vielfältigen Dimensionen der Begegnung und gehorcht der Zeitstruktur. Die Musik bildet einen „Zwischenraum" zwischen Erinnerung und Erwartung.

In diesem umfassenden Sinn ist Kirchenmusik also Klang des Unsagbaren. Sie ist letztlich Dienerin, aber nicht Medium des von Menschen Gemachten, sondern Klangbild des in uns seufzenden Heiligen Geistes (Röm 8,26), Kirchenmusik ist „Nachklang des Kommenden".

13 Intonation

Viele Musikinstrumente sind nach ihrer technischen Fertigstellung noch keineswegs spielbereit. Sie bedürfen einer Feinabstimmung ihrer tonerzeugenden Komponenten, der Intonation. Dies gilt in besonderer Weise für die Königin der Instrumente, die Orgel. Allein schon wegen ihrer Größe, aber auch aufgrund ihrer Klangcharakteristik ist sie wie kein anderes Instrument auf den jeweiligen Raum bezogen. Daher bedarf es nicht nur der internen Feinabstimmung wie etwa beim Klavier, sondern auch der richtigen Intonation in Bezug auf den Raum. Vom Intonateur hängt es entscheidend ab, ob das Instrument gelingt oder nicht. Als Intonationssatz, gleichsam für die Probe aufs Exempel, galt im Barock die Toccata, am bekanntesten wohl die Toccata und Fuge in d-Moll von J.S. Bach.

Auch die menschliche Stimme bedarf der Intonation. In der Phonetik bezeichnet der Begriff u. a. das Heben oder Senken der Stimme am Ende eines Satzes, so dass dieser als Frage- oder Aussagesatz verstanden werden kann. Eine falsche Intonation kann zu großen Missverständnissen mit fatalen Folgen führen bis hin zur Sprachlosigkeit.

Die Liturgie kennt seit alters her ein Mittel, um die Sprachlosigkeit gegenüber Gott zu überwinden. Jeden Morgen sieht sie vor allem anderen Gebet eine „Intonation" vor, das Invitatorium: „Gott, öffne mir die Lippen, damit mein Mund dein Lob verkünde!" Es handelt sich um ein Zitat aus

Ps 51 (50), 17, mit dem auch das jüdische Gebet am Morgen beginnt. Der Psalm, das berühmte Miserere, trägt den Titel: „Ein Psalm Davids, als der Prophet Natan zu ihm kam, nachdem sich David mit Batseba vergangen hatte." David wird hier zur Identifikationsfigur, wie der verstorbene Münsteraner Alttestamentler Erich Zenger schreibt: „Dem David, der seine Sünde weder beschönigt noch verdrängt, sondern vor Gott bekennt und bereut, verzeiht Gott – und stiftet so Hoffnung für jeden Israeliten, der den Weg der Sünde verlässt und zu Gott zurückkehrt." Der Bußpsalm will nicht einschüchtern, sondern die „Botschaft vom erneuernden Gott" (Zenger) vermitteln.

Im Einzelnen besagt der Vers in seinem liturgischen Kontext: „Gott" (Anrufung, Anaklese): Nennung des Gottesnamens, den Gott geoffenbart hat als Voraussetzung, um mit ihm in Beziehung eintreten zu können. „Öffne mir die Lippen" (Bitte, Epiklese): Ermächtigung zum Dialog. Gottes Ersthandeln ist notwendig, damit der Mensch handeln kann. Gott selbst ist der Intonateur. „Damit mein Mund dein Lob verkünde" (Ziel der Bitte): Befähigung zum Gotteslob und zum Gedächtnis (Anamnese) der Heilstaten Gottes. Es handelt sich um eine Art Prophetie: Wenn Gott an mir handelt, mir die Lippen öffnet, dann bin ich fähig zu seinem Lob. Das gewohnte Verhältnis Lobpreis/Dank und Bitte ist hier umgedreht. Die Bitte geht nicht aus dem Lobpreis und der Danksagung hervor, sondern ist diesen vorgeschaltet. Lobpreis und Dank (z. B. im eucharistischen Hochgebet der Messe) setzen das bereits konstituierte religiöse „Ich" und „Wir" voraus, hier geht es aber erst um deren Konstitution. „Ehre sei dem Vater..." (Doxologie): Vollzug des trinitarischen Lobpreises, wie er im Lauf der Tagzeitenliturgie immer wieder vorkommt. Darauf folgt seit Benedikt von Nursia der Invitatoriumspsalm (Ps 95; vgl. Klang Nr. 10), der die „Intonation" abschließt. Der Tag mit seinem Tagzeitengebet und dem Arbeitspensum, dem „ora et labora", hat begonnen.

14 Präludium

Wann und wie beginnt der Gottesdienst? Im römischen Missale des Konzils von Trient wird schon das Vorfeld der eigentlichen Liturgie beschrieben, freilich ganz auf den Priester zentriert: „Der Priester, der die Messe zelebrieren wird, ... verweilt eine Zeit lang beim Gebet." Das Messbuch des Zweiten Vatikanischen Konzils stellt dagegen die Gemeinschaft der versammelten Gläubigen in den Mittelpunkt: „Ist die Gemeinde versammelt, ziehen Priester und Mitwirkende ... zum Altar." Das Prinzip der „tätigen Teilnahme" ist zum Kriterium recht gestalteter Liturgie geworden. Wie aber bereitet sich die Gemeinde auf die fruchtbare Mitfeier vor? Ist nicht der Akt des Sich-Versammelns bereits geistliches Tun, das einer angemessenen Atmosphäre bedarf? Hektisches Hin-und-her-Eilen im Altarraum, endlose Ansagen und Lärm aus der Sakristei können kaum ein geeignetes Vorfeld bilden. Es bedarf eines Vorspiels, das in das eigentliche heilige Spiel der Liturgie überleitet. Die Orgelliteratur kennt das Präludium als Vorspiel zu Gottesdiensten oder einzelnen Chorälen. Als kunstvolle Form begegnet es bei Johann Sebastian Bach neben zahlreichen Choralvorspielen vor allem in Kombination mit einer Fuge. Im 19. Jahrhundert verselbstständigt sich die musikalische Form des Prelude. Einen Gottesdienst durch ein Präludium vorzubereiten, ist eine anspruchsvolle Aufgabe. Geht es ja nicht nur darum, die aus unterschiedlichsten Kontexten kommenden Gemeindemitglieder in eine andächtige Stimmung zu führen, sondern auch und vor allem, den Akt der Versammlung zu begleiten und zu fördern. Wenn dann, möglichst nach einer kurzen Stille, das Glockenzeichen zum Einzug ertönt, sollte aus den Individuen schon ein Stück Gemeinschaft geworden sein. Zweifellos gibt es dafür kein geeigneteres Mittel als die Musik.

In seinem Buch „Vorspiel zur Theologie" reflektierte der frühere Bischof von Aachen Klaus Hemmerle über das Verhältnis von Glaube und Theologie. Es handelte sich um eine seiner letzten Vorlesungen als Professor an der Universität Freiburg. Manches davon lässt sich auch auf das Verhältnis von Glaube und Liturgie übertragen, insofern die Liturgie als gefeierter Glaube die „theologia prima" im Unterschied zur sekundären reflektierenden Theologie ist. Hemmerle schreibt: „Wenn Glaube und Theologie beziehungslos neben dem Leben und der Erfahrung stehen, dann verlieren sie nicht nur ihre prägende Macht, sondern auch ihre Glaubwürdigkeit. Gerade das fällt uns heute indessen schwer: die Verbindung, die Synthese, die Einheit zu finden. Natürlich fangen Glaube und Theologie nicht mit irgendwelchen äußeren Voraussetzungen an, sondern mit sich selbst – wie auch Liebe, personale Beziehung nur mit sich selber, nur von innen her anfängt. Und doch hat jede Liebe, jede personale Beziehung ihre ‚Vorgeschichte'. Wenn der Blitz zündet, wird klar, daß die Landschaft dieses Lebens auf dieses Licht sozusagen gewartet hat. Und das stimmt auch dann, wenn vorher niemand daran denken konnte, daß alles auf diese Begegnung, auf diese Beziehung hinauslaufen sollte. Nur wenn Leben, Welt und Denken als die Landschaft erfahrbar sind, in welche der Glaube sein Licht hineinwirft, nur wenn Leben, Welt und Denken also die bleibende Vorgeschichte in der Geschichte des Glaubens sind, erhalten Glaube und Theologie ihre vollen Dimensionen."

Das Vorspiel ist notwendig, um Mitspieler werden zu können. Gelungene Liturgie bedarf der „bleibenden Vorgeschichte", nicht nur in Gestalt eines in die Feier einstimmenden Präludiums. Hemmerle resümiert: „Alles in allem: Wie kann unser Leben in all seinen Bezügen zum Mitspiel werden mit jenem Spiel Gottes, das uns in Jesus durch seinen Geist eröffnet ist? Und wie können wir das Spiel Gottes selbst zwischen uns, in unserer Welt mitspielen und weiterspielen, damit die Welt glaube?"

15 Hören und Handeln

„Wer nicht hören will, muss fühlen" sagt ein heute zu Recht verpöntes Sprichwort. Allzu oft diente es früher als Legitimation von physischer Gewalt. Dennoch kann eine Gesellschaft ohne Spielregeln, für deren Einhaltung zu sorgen ist, auf Dauer nicht existieren. Für das Volk Israel ist das Gesetz die Lebensader, die Identität und Fortbestand garantiert. Das Gesetz ist alles andere als toter Buchstabe, sondern vielmehr lebendiges und lebenspendendes Wort, das nicht bloß auf Stein, Pergament oder Papier, sondern auf Herz und Seele geschrieben werden soll, wie Mose dem Volk sagt (Dtn 11,18.26–28.32; erste Lesung vom 9. Sonntag im Jahreskreis, Lesejahr A). Das Binden der Tefillin um den Arm mit den auf Pergament geschriebenen Worten der Rede des Mose beim Auszug aus Ägypten (Ex 13,1–16) und denen des jüdischen Glaubensbekenntnisses, des „Höre, Israel" (Dtn 6,4–9) und das Tragen dieser Worte auf der Stirn als Zeichen der Verinnerlichung des Gesetzes ist bis heute im Judentum üblich.

Weil das Wort Gottes im wahrsten Sinn des Wortes Lebensmittel ist, kann es zum Segen oder zum Fluch werden. An der Frage, wo die Trennlinie verläuft, scheiden sich jedoch die Geister. Hier liegt der Kern des Konflikts

Jesu mit den Pharisäern und Schriftgelehrten. Jesus kommt es nicht auf den Buchstaben als solchen an, sondern ihm geht es um den Geist, um die eigentliche Erfüllung des Gesetzes. Daher steht am Ende der Bergpredigt im Matthäusevangelium der strikte Appell, das Wort Gottes nicht nur zu hören, sondern danach zu handeln (Mt 7,21–27; Evangelium vom 9. Sonntag im Jahreskreis Lesejahr A). Die wahre Orthodoxie erweist sich erst in der Orthopraxie. Das steht scheinbar im Widerspruch zu dem Wort des Apostels Paulus von der Gerechtigkeit allein aus dem Glauben an Jesus Christus, unabhängig von Werken des Gesetzes (Röm 3,21–25a.28; zweite Lesung). Der Widerspruch löst sich jedoch auf, wenn man die Aussage ernst nimmt, dass auch Gesetz und Propheten die Gerechtigkeit Gottes bezeugen, die freilich in Jesus Christus offenbar geworden ist. Gesetz und Propheten verlieren dadurch nicht ihre Bedeutung, jedoch genügt nun der Glaube an Jesus Christus, um Rechtfertigung zu erlangen. Das wiederum entbindet den Christen nicht davon, diesen Glauben durch Taten der Gerechtigkeit zu bezeugen und zu ratifizieren. Der Glaube kommt vom Hören, muss sich aber im Handeln nach dem Wort Gottes bewähren. Insofern sollte man sich auf den bekannten Karnevalsschlager „Wir kommen alle, alle in den Himmel, weil wir so brav sind …" nicht allzu sehr verlassen. Vielmehr sollte man es mit dem klugen Mann halten, der sein Haus auf Fels baute. In dem Kirchenlied „Wer nur den lieben Gott lässt walten" (Georg Neumark 1657, GL 424) wird auf das Jesuswort im Evangelium Bezug genommen: „Wer Gott dem Allerhöchsten traut, der hat auf keinen Sand gebaut." In der dritten Strophe kommt die rechte Haltung des Christen, der sein Vertrauen ganz auf Gott setzt, zur Sprache. Wer auf Gottes Wort hört und danach handelt, braucht kein Kind der Traurigkeit zu sein, er darf tatsächlich darauf hoffen, in das Himmelreich zu kommen: „Sing, bet und geh auf Gottes Wegen, / verricht das Deine nur getreu / und trau des Himmels reichem Segen, / so wird er bei dir werden neu. / Denn welcher seine Zuversicht / auf Gott setzt, den verlässt er nicht."

16 Invocabit

Das erste Wort des lateinischen Introitusgesangs vom ersten Fastensonntag, das diesem Sonntag zugleich seinen Namen gibt, lautet Invocabit – er wird anrufen. Es stammt aus Ps 91(90), der sämtliche Eigengesänge dieses Sonntags stellt. Zitiert wird die Heilszusage Gottes aus Vers 15 und 16: „Wenn er mich anruft, dann will ich ihn erhören. Ich befreie ihn und bringe ihn zu Ehren …" In der Liedparaphrase „Wer unterm Schutz des Höchsten steht" (GL 423) steht diese Aussage in der dritten Strophe: „… und wer mich anruft, wird erhört." Die Liturgie spannt an den zentralen Stellen einen weiten Bogen. Am Beginn der Fastenzeit wird nicht das naheliegende Motiv der Buße und des Verzichts thematisiert, sondern das Woraufhin der folgenden Wochen, der Gehalt dessen, worauf sich die folgende Zeit ausrichtet: das Osterfest als zentrales Fest der Erlösung. Dies kommt im gregorianischen Introitusgesang auch musikalisch zum Ausdruck, wenn auf der betonten Silbe von glorificábo (ich bringe ihn zu Ehren) eine Tonfolge steht, ein Jubelmotiv, das an bedeutender Stelle in der Osternacht wiederkehrt: beim Antwortgesang auf die Lesung vom Durchzug durch das „Rote Meer" nach Ex 15,1: „Lasst uns singen dem Herrn, denn er ist hoch und erhaben" (Cantemus Domino: gloriose énim honorificatus est). Die Psalmverse des Introitus korrespondieren mit der in der alten Leseordnung bis zum Zweiten Vatikanischen Konzil vorgesehenen Lesung aus 2 Kor 6,1–10, heute am Aschermittwoch: „Jetzt ist sie da, die Zeit der Gnade, jetzt ist er da, der Tag der Rettung." Ein weiterer Bezug findet sich im Evangelium, der Versuchungsgeschichte nach Mt 4,1–11. Hier wie auch bei Lukas wird Psalm 91,11f zitiert: „Denn er befiehlt seinen Engeln, dich zu behüten auf all deinen Wegen. Sie tragen dich auf ihren Händen, damit dein Fuß nicht an einen Stein stößt."

Ps 91 bildet innerhalb der jüdischen Liturgie einen wichtigen Bestandteil des Gebets am Ausgang des Sabbats. In fast allen Traditionen des kirchlichen Stundengebets ist er das Abendgebet par excellence. Benedikt von Nursia, auf den die Ordnung der Psalmen in der Römischen Liturgie weitgehend zurückgeht, rahmt ihn im Gebet zur Nacht, der Komplet, mit zwei weiteren Psalmen ein. Es beginnt mit Psalm 4 „Wenn ich rufe, erhöre mich, Gott, Du mein Retter!" Dieses Nachtgebet eines Bedrängten korrespondiert in seinem ersten Vers mit dem göttlichen Verheißungsspruch am Ende von Psalm 91(90), aus dem der Introitusvers vom ersten Fastensonntag stammt: „Weil er an mir hängt, will ich ihn retten; ich will ihn schützen, denn er kennt meinen Namen. Wenn er mich anruft, dann will ich ihn erhören. Ich bin bei ihm in der Not, befreie ihn und bringe ihn zu Ehren. Ich sättige ihn mit langem Leben und lasse ihn schauen mein Heil" (Vers 14–16). Erich Zenger kommentiert: „Gegenüber Vers 1–2.3–13 bedeutet diese siebenfältige Zusage noch einmal eine Steigerung, denn dem Beter wird nicht nur

Rettung und Schutz, sondern Lebensfülle und Lebensglück zugesagt (Ehrung, Sättigung, Heil)." Aus der Bitte in Psalm 4 ist nun die sichere Verheißung Gottes geworden. Darauf antworten die Beterinnen und Beter der Komplet mit dem dritten Psalm, Psalm 134(133), einem Wallfahrtslied zu nächtlicher Stunde im Tempel: „Erhebt Eure Hände zum Heiligtum, und preiset den Herrn!" Es kommt also darauf an, immer wieder – in der Not wie am Tag der Errettung – die Stimme zu erheben und Gott anzurufen. Dann bleibt er nicht fern.

17 Sang- und klanglos

Der zweite Fastensonntag ist seit alters her geprägt vom Evangelium der Verklärung Christi. Der namengebende Introitus „Reminiscere" (Gedenke) des tridentinischen Missale, jetzt am Mittwoch der ersten Fastenwoche vorgesehen, wurde im Missale Pauls VI. ersetzt durch Verse aus Ps 27(26): „Zu dir spricht mein Herz: Ich suche dein Angesicht; dein Angesicht, Herr, will ich suchen. Wende dein Gesicht nicht ab von mir." Der Psalm beginnt mit den Worten „Der Herr ist mein Licht und mein Heil: Vor wem sollte ich mich fürchten?" Der Introitus steht in enger Beziehung zum Evangelium: „Und er wurde vor ihren Augen verwandelt; sein Gesicht leuchtete wie die Sonne, und seine Kleider wurden blendend weiß wie das Licht" (Mt 17,2, Lesejahr A). Als die Jünger die Stimme aus der leuchtenden Wolke hören, bekommen sie große Angst. Die Szene spielt an die Gotteserscheinung am Sinai an. Dort heißt es: „Das ganze Volk erlebte, wie es donnerte und blitzte, wie Hörner klangen und der Berg rauchte. Da bekam das Volk Angst, es zitterte und hielt sich in der Ferne" (Ex 20,18). Anders als am Sinai ist auf dem Berg der Verklärung kein Donner und kein Hörnerklang zu hören, nur die Stimme: „Das ist mein geliebter Sohn, an dem ich Gefallen gefunden habe; auf ihn sollt ihr hören." Die Stimme allein genügt, um die Jünger in Angst und Schrecken zu versetzen. Dann aber fällt alles wie ein Kartenhaus in sich zusammen: „Und als sie aufblickten, sahen sie nur noch Jesus." Die groß inszenierte Gotteserscheinung endet sang- und klanglos: Sie gehen den Berg hinunter, und Jesus verbietet den Jüngern, das Erlebte weiterzuerzählen.

Die Vision auf dem Berg hat den Sinn, die Jünger auf Jesus zu verweisen – aber auf welchen Jesus? Auf wessen Stimme sollen die Jünger hören, was für ein Angesicht sollen sie suchen? Die Stimme aus der Wolke gibt den Hinweis: „Das ist mein geliebter Sohn, an dem ich Gefallen gefunden habe." Gemeint ist nicht eine verklärte Lichtgestalt, sondern der Leidende Gottesknecht aus dem Buch Jesaja: „Er sah nicht so aus, dass wir Gefallen fanden an ihm... Doch der Herr fand Gefallen an seinem zerschlagenen Knecht, er rettete den, der sein Leben als Sühnopfer hingab" (Jes 53,2.10). Am Karfreitag wird das ganze Vierte Lied vom Gottesknecht gelesen. Im später folgenden Ruf vor der Passion mit Worten aus dem Hymnus im Philipperbrief wird deutlich, dass die eigentliche Verklärung Jesu am Kreuz stattfindet: „Christus war für uns gehorsam bis zum Tod, bis zum Tod am Kreuz. Darum hat ihn Gott über alle erhöht und ihm den Namen verliehen, der größer ist als alle Namen." Am Kreuz geschieht die eigentliche Offenbarung, hier lässt Gott in sein Innerstes blicken. Beim Neigen des Hauptes des Gekreuzigten (Joh 19,30) wendet Gott der Menschheit sein Angesicht endgültig zu. Diese Gotteserscheinung geschieht ganz ohne Glanz und Gloria, aber nur scheinbar sang- und klanglos. In der zweiten Strophe des Passionsliedes „O Haupt voll Blut und Wunden" heißt es: „Du edles Angesichte, / davor sonst schrickt und scheut / das große Weltgewichte, / wie bist du so bespeit, / wie bist du so erbleichet, / wer hat dein Augenlicht, / dem sonst kein Licht nicht gleichet, / so schändlich zugericht?" (GL 289) – Daher: „Zu dir spricht mein Herz: Ich suche dein Angesicht; dein Angesicht, Herr, will ich suchen. Wende dein Gesicht nicht ab von mir!"

18 Wassermusik

Römische Fontäne. Borghese (1906)

Zwei Becken, ein das andre übersteigend
aus einem alten runden Marmorrand,
und aus dem oberen Wasser leis sich neigend
zum Wasser, welches unten wartend stand,

dem leise redenden entgegenschweigend
und heimlich, gleichsam in der hohlen Hand
ihm Himmel hinter Grün und Dunkel zeigend
wie einen unbekannten Gegenstand;

sich selber ruhig in der schönen Schale
verbreitend ohne Heimweh, Kreis aus Kreis,
nur manchmal träumerisch und tropfenweis

sich niederlassend an den Moosbehängen
zum letzten Spiegel, der sein Becken leis
von unten lächeln macht mit Übergängen.

Rainer Maria Rilke

Georg Friedrich Händels Wassermusik gehört zum populären Repertoire klassischer Musik. Es handelt sich um Suiten von Open-Air-Musik, komponiert für eine königliche Bootsfahrt auf der Themse. Auch der vierte Satz von Franz Schuberts Forellenquintett ist allgemein bekannt, vor allem das zugrunde liegende Lied „In einem Bächlein helle". Als dritte verbreitete „Wassermusik" ist die Moldau von Friedrich Smetana zu nennen, die mit lautmalerischen Mitteln den Fluss von der Quelle bis zur Mündung zum Erklingen bringt. Besonders in diesem Werk kommt die Faszination des Wassers zum Ausdruck. Sie besteht in seiner Eigenschaft als primäres Lebensmittel und seiner „Lebendigkeit", die sich akustisch vielfältig ausdrückt: in dem leisen Plätschern des fallenden Tropfens wie beim römischen Brunnen Rilkes, dem Sprudeln der Quelle, dem sanften Glucksen des Bachs, dem Rauschen des Stroms, dem rhythmischen Anschwellen der Brandung bis hin zum zerstörerischen Hereinbrechen der Flut. Jede akustische Wahrnehmung des Wassers übt auf ihre Weise eine Faszination aus, die keineswegs nur positiv besetzt ist: Wasser kann Leben schenken und zerstören.

Die Bibel verwendet den Facettenreichtum des Motivs Wasser, um unterschiedlichste Erfahrungen zum Ausdruck zu bringen. Von der Urflut und der Sintflut zieht sich ein weiter Bogen über den Durchzug durch das Rote Meer, der Taufe Jesu im Jordan, dem Sturm auf dem See Genezareth bis hin zu den Paradiesströmen in der Geheimen Offenbarung. Es liegt nahe, in einer wasserarmen Landschaft wie dem kanaanäischen Bergland oder der judäischen Wüste die Symbolik des lebendigen Wassers zu entfalten, wie im Evangelium von der Frau am Jakobsbrunnen. Jesus sagt zu der samaritanischen Frau: „Wer von diesem Wasser trinkt, wird wieder Durst bekommen; wer aber von dem Wasser trinkt, das ich ihm geben werde, wird niemals mehr Durst haben; vielmehr wird das Wasser, das ich ihm gebe, in ihm zur sprudelnden Quelle werden, deren Wasser ewiges Leben schenkt (Joh 4, 13–14). Der gregorianische Kommuniongesang „Qui biberit aquam" verlautet die Verheißung. Das Wort „sprudelnd" (salientis) ist mit einer Tonfolge versehen, die das Wasser lautmalerisch scheinbar erklingen lässt. Auch sonst kennt die Liturgie „Wassermusiken", direkte und übertragene. Das Evangelium von der Frau am Jakobsbrunnen eröffnet die Reihe der drei großen Taufperikopen, die schon seit der Zeit der Alten Kirche die letzte Etappe des Weges der Katechumenen zur Tauffeier in der Osternacht begleiten. Sie deuten auf unterschiedliche Weise das Mysterium der Verwandlung des Todes in Leben. In der Osternacht kommt dies auf vielfältige Weise zur Sprache und zur Darstellung. Die Lesungen aus dem Alten und Neuen Testament, die Antwortgesänge und Orationen bedienen sich immer wieder der Metapher des Wassers: „Ihr werdet Wasser schöpfen voll Freude aus den Quellen des Heils" (Antwortgesang zur fünften Lesung nach Jes 12). In der Taufwasserweihe werden die vielfältigen biblischen Bezüge genannt, und beim Schöpfen und Besprengen mit dem geweihten Wasser wird dessen Heilsmacht sinnlich erfahrbar. Am Ende erfolgt der Zuruf „Preist, ihr Quellen, den Herrn, lobt und erhebt ihn in Ewigkeit!" (Dan 3,77) – Das Wasser selbst wird zum Träger des Lobpreises, stimmt ein in den Chor der Himmlischen Liturgie.

19 Ohrenfasten

Vielfahrer mit der Bahn wissen ein Lied davon zu singen: schrille Klingeltöne, endlos dauernde Telefonate in Bahnhofshallenlautstärke, der Beat aus Kopfhörern, deren Lautstärkeregler bis zum Anschlag aufgedreht wurden ... Kein Wunder, dass die Ruheabteile immer als erstes ausgebucht sind. Die permanente Lärmüberflutung, die akustische Luftverschmutzung machen vielen Menschen zu schaffen. Insgesamt scheint die Fähigkeit zu differenziertem Hören stark abzunehmen. Die Hörgeräteakustiker dürfen auf rosige Zeiten hoffen. Da gibt es nur eins: Ohrenfasten.

Tatsächlich hält auch die Liturgie der katholischen Kirche „Ruheabteile" bereit. Bekannt ist das Fasten der Augen durch das Verhüllen von Bildern und Kruzifixen in der Passionszeit. Aber auch das Fasten der Ohren hat Tradition. In der Grundordnung des Kirchenjahres heißt es über die Fastenzeit: „Vom Aschermittwoch bis zur Osternacht entfällt das ‚Halleluja'." Das sieht zunächst nicht so dramatisch aus, zumal an dessen Stelle ein anderer Huldigungsruf tritt. Doch steht dahinter eine elementare Erfahrung, die auch außerhalb des religiösen Bereichs genutzt wird. So kann gezieltes Fasten die Geschmacksnerven schärfen und damit die Geschmacksfähigkeit steigern. Der zeitweilige Verzicht auf den Jubelruf der Erlösten während der Fastenzeit macht das dreimalige, jeweils um einen Ton erhöhte Anstimmen des Halleluja in der Osternacht zu einem starken Erlebnis. Auch in anderen Bereichen wird in der Österlichen Bußzeit ein Ohrenfasten angeregt: durch das Verstummen des Gloriagesangs an den Fastensonntagen und vom Gründonnerstagabend bis zu seinem erneuten Anstimmen in der Osternacht. Parallel dazu schweigen Glocken und Orgel. Während der ganzen Fastenzeit soll die Orgel zudem nur sparsam zur Unterstützung des Gesangs eingesetzt werden. Stille wird vom Gründonnerstagabend bis zur Osternacht in Liturgie und Volksfrömmigkeit intensiv erfahren: im schweigenden Abschluss der Gründonnerstagsliturgie, bei der „Ölbergwache", im lautlosen Beginn der Karfreitagsliturgie, am Heiligen Grab während des Karfreitags und Karsamstags. All dies dient der Konzentration und Reduktion auf das Wesentliche. Es geht darum, über die vielen überflüssigen Wörter das entscheidende Wort nicht zu überhören und den richtigen Ton von den vielen falschen Klängen unterscheiden zu lernen.

Die Tauliturgie, die ihren zentralen Ort in der Osternacht hat, kennt den Effata-Ritus bei der Kindertaufe. Es heißt dort: „Der Herr lasse dich heranwachsen, und wie er mit dem Ruf ‚Effata' dem Taubstummen die Ohren und den Mund geöffnet hat, öffne er auch dir Ohren und Mund, dass du sein Wort vernimmst und den Glauben bekennst zum Heil der Menschen und zum Lobe Gottes." Es genügt freilich nicht, dass diese Öffnung nur einmal am Beginn des Lebensweges geschieht. Wie oft sind im späteren Leben Ohren und Mund verschlossen und nicht mehr fähig, zu hören und zu künden. Daher bedarf es immer wieder des Ohrenfastens, der Stille und eines erneuten „Effata!"

20 Der Schrei

Zu den erschütterndsten Kunstwerken des Expressionismus gehört Edvard Munchs „Der Schrei", ab 1893 in verschiedenen Varianten (auch „Geschrei") ausgeführt. In diesem psychologisch hoch aufgeladenen Bild ist im Vordergrund eine hagere Gestalt auf einer Brücke zu sehen mit weit aufgerissenen Augen und zum Schrei geöffnetem Mund, die Hände rechts und links an den Kopf gelegt. Im Hintergrund folgen zwei bedrohlich erscheinende Gestalten. Es ist, als hörte man das Schreien aus dem Bild heraus, ein kreatürliches Aufbäumen an der äußersten Grenze, am Abgrund. Im alltäglichen Leben wird diese Wirklichkeit gern verdrängt oder in die Scheinwelt des abendlichen Krimis ausgelagert. Manchmal aber holen uns die realen Bilder ein.

Die kirchliche Liturgie scheint für die misstönenden Klänge an der Grenze ebenfalls keinen Raum zu bieten, allenfalls für die verhaltene Klage. Wo in den Lesungen von existenziellen Äußerungen die Rede ist, werden diese nur distanziert wiedergegeben. Die klassische lateinische Liturgie sieht für die Lesungen zudem nur eine stilisierte gesungene Vollzugsgestalt vor, die Kantillation. Alles Persönliche, Emotionale scheint ausgeschlossen. Doch gibt es einige Ausnahmen in der gregorianischen Tradition wie im Kirchenlied. Eine davon findet man als Gesang zur Kommunion am fünften Fastensonntag, wenn das Evangelium von der Auferweckung des Lazarus (Joh 11) gelesen wird. Die Antiphon „Videns Dominus" lautet in Übersetzung: „Als der Herr die Schwestern des Lazarus weinen sah, brach er in Tränen aus vor den Juden, und schrie: ‚Lazarus, komm heraus!' Und er ging heraus, gebunden an Händen und Füßen, wo er doch schon vier Tage tot war." Jesus wird in ungewohnter Emotionalität dargestellt. Dass es sich hier nicht um ein gewöhnliches Rufen handelt, belegt die Vertonung: Nach dem fast verspielten, innigen „Lazare" folgt das geradezu zornige „veni foras!" (komm heraus!) wie ein Trompetensignal. Bei diesem Schrei geht es um Leben und Tod. Der griechische Bibeltext betont, dass Jesus mit lauter Stimme (phonè megále) ins Grab hinein ruft. Derselbe Ausdruck begegnet auch anderswo in den Evangelien. Bei Markus stirbt Jesus, nachdem er mit lauter Stimme geschrien hat (Mk 15,37). Hier ist es das Schreien dessen, der wie der Psalmbeter die Gottverlassenheit durchlitten hat: „Mein Gott, mein Gott, warum hast du mich verlassen?" (Mk 15,34 nach Ps 22,2). Erst viel später, nach langen Leiderfahrungen, heißt es dort: „Er hat auf sein Schreien gehört" (Ps 22,25). Es ist der Schrei des Verlassenen, wohl nicht des Verzweifelten wie im Bild von Edvard Munch. Aber es ist ein Schreien im Angesicht des Todes. Ähnliche Erfahrungen vermittelt Ps 130, das „De profundis": Aus der Tiefe rufe ich, Herr, zu dir: / Herr, höre meine Stimme! Wende dein Ohr mir zu, / achte auf mein lautes Flehen!" Im Deutschen ist dieser Psalm durch Martin Luthers Liedparaphrase „Aus tiefer Not schrei ich zu dir" wohlbekannt (GL 277).

Geschrei

Auch der Schrei Jesu am Grab seines Freundes Lazarus steht an der Grenze von Tod und Leben, hier aber in umgekehrter Reihenfolge. Es ist nicht der Schrei des Verlassenen und Verzweifelten, sondern der machtvolle, schöpferische Ruf ins Leben, den freilich nur der ausführen kann, der selber die Grenze von Tod und Leben überschritten hat.

21 Himmelhoch jauchzend, zum Tode betrübt (Palmsonntag)

Eines der bekanntesten Goethe-Zitate stammt aus Clärchens Lied im Dritten Aufzug des Trauerspiels Egmond: „Freudvoll und leidvoll, gedankenvoll sein; / Hangen und bangen in schwebender Pein; / Himmelhoch jauchzend, zum Tode betrübt; / Glücklich allein ist die Seele, die liebt." Das Wechselbad der Gefühle kann Zeichen unsterblicher Verliebtheit, aber auch Symptom einer psychischen Erkrankung sein. In jedem Fall kennzeichnet es einen Ausnahmezustand. Der Palmsonntag in der römischen Liturgie stellt auch ein solches Wechselbad dar: Die Palmweihe mit der Prozession ist ein Triumphzug unter dem Huldigungsruf des „Hosanna." Die anschließende Messfeier steht unter dem Eindruck des Schreis der Menge: „Kreuzige ihn!" Beides ist unvereinbar und doch in einer Feier miteinander verbunden.

Historisch ist die Palmsonntagsliturgie durch Zusammenfügung zweier Traditionen entstanden. Der erste Teil, die dramatische Entfaltung der Einzugsberichte aus den Evangelien, stammt aus Jerusalem. Schon gegen Ende des vierten Jahrhunderts war es üblich, sich am Nachmittag des Palmsonntags auf dem Ölberg zu versammeln, Hymnen und Antiphonen zu singen und Schrifttexte vorzutragen. Anschließend zog man mit dem Gesang „Hochgelobt sei, der da kommt im Namen des Herrn" in die Stadt. Dieser Brauch kam über Spanien nach Rom und verband sich dort mit der bodenständigen Liturgie, die ganz auf die Passionslesung aus dem Matthäusevangelium bezogen war. Man versammelte sich zur Palmweihe und zog zur Eucharistiefeier in die Stationskirche, die Lateranbasilika. Die Unterschiedlichkeit beider Vollzüge kam auch im Wechsel der Gewandfarbe von Rot nach Violett zum Ausdruck.

Inhaltlich und rituell bildet der Einzugsbericht nach Matthäus das „Regiebuch" des ersten Teils: „Viele Menschen breiteten ihre Kleider auf der Straße aus, andere schnitten Zweige von den Bäumen und streuten sie auf den Weg. Die Leute aber, die vor ihm hergingen und die ihm folgten, riefen: ‚Hosanna dem Sohne Davids! Gesegnet sei er, der kommt im Namen des Herrn. Hosanna in der Höhe!'" (Mt 28,8f). Schon der Eröffnungsgesang bezieht sich darauf: „Hosanna filio David!" Der emphatische Quintsprung auf der ersten betonten Silbe „san" kommt wie ein Fanfarenstoß daher. Die Prozession mit den gesegneten Palmzweigen ist mehr als nur ein Nachspielen einer biblischen Begebenheit. Bis zur ersten Karwochenreform in den 1950er Jahren war auch der Einzug in die Kirche rituell gestaltet. Vor der noch geschlossenen Kirchentür wurde der festliche Hymnus „Gloria, laus et honor – Ruhm, Preis und Ehre" angestimmt, ein Lobpreis auf den Siegerkönig Christus. Danach stieß der Kreuzträger von außen mit dem Schaft des Kreuzes an die Tür, die sich daraufhin öffnete. Mit dem Responsorium

„Ingrediente Domino – Als der Herr einzog in die Heilige Stadt" zog man in die Kirche ein. Symbolisiert wird hier nicht das geschichtliche Ereignis, sondern der Einzug des Gekreuzigt-Auferstandenen in die göttliche Herrlichkeit. Zu Beginn der Karwoche steht schon das ganze österliche Mysterium vor Augen. Das gilt auch für die erneuerte Form der Liturgie.

Der Einzug des Herrn wird nicht nur am Palmsonntag, sondern in jeder Messfeier liturgisch vollzogen. Wahrscheinlich zuerst im syrischen Raum hat man dem Sanctus im Eucharistischen Hochgebet das Benedictus angefügt mit dem Hosanna-Ruf, eine auf Ps 118, 25 fußende Anspielung an die Palmsonntagsberichte. In der Liturgie fließen Palmsonntag und Himmelfahrtstag ineinander über. Der triumphale Einzug Jesu in die Stadt Jerusalem, die Stadt seines Leidens, wird zum Symbol seines endgültigen Einzugs in das „himmlische Jerusalem". Mit seinem verklärten Leib nimmt er aber nicht nur sein individuelles Menschsein in die Sphäre Gottes hinein, sondern in Stellvertretung die gesamte Menschheit. So kommt mit dem Sanctus-Benedictus-Ruf zum Ausdruck, dass durch den Tod und die Auferstehung Christi die kosmische Einheit wiederhergestellt worden ist. Himmel und Erde sind der Herrlichkeit Gottes voll und vereinen sich zum ewigen Gotteslob.

22 Klage und Jubel

Die Karwoche ist geprägt vom Umschlag der Stimmungen. Schon der Palmsonntag hat ein doppeltes Gesicht. Das gilt auch für die Abendmahlsliturgie am Gründonnerstag, wenn nach dem Gloria Orgel und Glocken verstummen und am Ende, nach der Entkleidung des Altars und der Übertragung des Allerheiligsten, womöglich der 88. Psalm gebetet wird, der mit den Worten endet: „Mein Vertrauter ist nur noch die Finsternis." Die Karmetten (Vigilien) an diesen Tagen sind bestimmt von Klagegesängen, wie sie die römische Liturgie sonst nirgendwo kennt. In der frühen Kirche, vor der Entfaltung der drei österlichen Tage vom Leiden, vom Tod und von der Auferstehung des Herrn, begann die Osternacht mit einer Trauerphase, in der die Klage breiten Raum hatte. Mit Anbruch des Morgens schlug die Stimmung jedoch um in Freude und Jubel. Die gegensätzlichen Grundstimmungen verteilen sich heute auf den Gründonnerstagabend, den Karfreitag und die Osternacht. Trotz dieser Trennung bleibt der innere Zusammenhang bestehen.

Die Klammer wird insbesondere durch Gesänge und rituelle Vollzüge gebildet. In der gregorianischen Tradition hat der Introitus „Nos autem" des Gründonnerstags die Funktion, in alle drei großen Feiern einzuleiten. Dementsprechend weisen Karfreitag und Osternacht keinen Eröffnungsgesang auf. Schon zu Beginn wird das Ganze in den Blick genommen: „Wir aber sollen uns rühmen des Kreuzes unseres Herrn Jesus Christus. In ihm ist uns Heil geworden und Auferstehung und Leben. Durch ihn sind wir erlöst und befreit" (vgl. Gal 6,14). Obwohl es sich um den Vorabend des Leidens Christi handelt, der auch die Ölbergstunde und den Verrat beinhaltet, steht am Anfang der Feier ein freudiger Gesang über die Erlösung.

Der Karfreitag erhält sein Gesicht neben der Verkündigung der Passion nach Johannes vor allem durch die Kreuzverehrung. Bei der Prozession mit dem Kreuz wird dreimal in erhöhter Tonlage einer der ergreifendsten Rufe der Liturgie, das „Ecce lignum", angestimmt: „Seht das Holz des Kreuzes, an dem das Heil der Welt gehangen – Kommt, lasset uns anbeten." Es ist ein Huldigungsruf, der nicht das Leid als solches thematisiert, sondern dessen Frucht, unsere Erlösung. Die Klage findet ihren Ort in dem zentralen Gesang während der Kreuzverehrung, den Improperien. Es sind Klagen des Gekreuzigten an sein Volk über das ihm zugefügte Leid. Den dramatischen, oft vertonten Klagegesängen ist ein Huldigungsruf in griechischer Sprache hinzugefügt, das Trishagion: „Heiliger Gott, heiliger, starker Gott, heiliger, unsterblicher Gott, erbarme dich unser."

Die Kreuzprozession hat ihre Entsprechung in der Prozession mit der Osterkerze zu Beginn der Osternachtfeier. Auch sie ist von einem dreimaligen Ruf in steigender Tonlage begleitet: „Lumen Christi – Deo gratias." An den festlichen Begrüßungsruf des österlichen Lichts schließt sich der österliche Lichtdank an, das Exsultet. In diesem Lobpreis auf die Nacht des Übergangs vom Tod zum Leben gipfelt der Jubel auf. Aber es gibt noch eine dritte Prozession mit einem Christussymbol, die Prozession mit dem Evangeliar vor der Verkündigung des Osterevangeliums. Auch hier ertönt ein Jubelruf dreimal, jeweils um einen Ganzton erhöht: das Osterhalleluja. Über seine Wortbedeutung „Preiset Gott" hinaus handelt es sich dabei um den biblischen Jubelruf schlechthin. Mit der Verkündigung des Osterevangeliums als Botschaft vom endgültig angebrochenen Heil ist gewiss: Auf diesen Jubel wird keine Klage mehr folgen.

23 Lauter Jubel – das Exsultet

Schon juble in den Himmeln die Menge der Engel,
es juble die Schar der göttlichen Dienste,
und zu solch eines Königs Einzug künde Sieg die Trompete.
Da freue sich auch der Erdkreis, erhellt von leuchtenden Blitzen,
und, angestrahlt von der Pracht des ewigen Königs,
verspüre er, daß er befreit ist vom Dunkel, das alles deckte.
Glückselig sei auch die Mutter Kirche,
geschmückt mit solch blitzendem Lichte,
und vom lauten Jubel der Völker töne wider diese Halle.

So bitte ich euch, liebste Brüder und Schwestern,
die ihr steht beim herrlichen Glanz dieses heiligen Lichtes:
Ruft mit mir zu Gott, dem Allmächtigen,
er möge sich meiner erbarmen:
Daß er, der mich von sich aus in die Zahl der Leviten gerufen hat,
mich fülle mit dem Glanz seines Lichtes
und durch mich das Lob dieser Kerze wirke.

(Dialog)

Wahrhaft würdig und recht ist es,
den unsichtbaren Gott, den allmächtigen Vater,
und seinen eingeborenen Sohn, unsern Herrn Jesus Christus,
mit aller Inbrunst des Herzens und Geistes,
im Dienste des Wortes, mit lauter Stimme zu preisen –
ihn, der für uns beim ewigen Vater die Schulden Adams bezahlt hat
und ausgelöscht hat den uralten Schuldbrief mit Blut des Erbarmens.

Dies ist ja das Fest der Ostern,
an dem jenes wahre Lamm getötet wird,
durch dessen Blut die Türen der Gläubigen gefeit sind.

Dies ist die Nacht,
in der du am Anfang unsere Väter, die Nachkommen Israels,
nachdem sie herausgeführt waren aus Ägypten,
trockenen Fußes durch das Schilfmeer geleitet hast.
Dies also ist die Nacht.
welche die Finsternis der Sünden durch der Feuersäule Erleuchtung ver-
scheucht hat.
Dies ist die Nacht,

die heute auf der ganzen Erde Menschen, die zum Glauben in Christus
    gekommen sind,
losgelöst von den Lastern der Welt und vom Dunkel der Sünde,
heimführt zur Gnade und den Heiligen zugesellt.
Dies ist die Nacht,
da Christus die Fesseln des Todes gesprengt hat
und aus denen, die unter der Erde sind, als Sieger emporstieg.
Denn umsonst wären wir geboren, wäre keiner gekommen, uns zu erlösen.

O wie du dich über uns neigest in staunenswertem Erbarmen!
O unerwartbare Zuwendung der Liebe:
Um den Knecht zu erlösen, gabst du den Sohn dahin!
O wahrhaft nötige Sünde Adams,
die getilgt ward vom Tode Christi!
O glückliche Schuld

der solch ein großer Erlöser geziemte!
O wahrhaft selige Nacht,
der einzig es ziemte, die Zeit und die Stunde zu kennen,
da Christus erstanden ist aus denen, die unter der Erde sind!
Dies ist die Nacht,
von der geschrieben steht:
„und die Nacht – wie der Tag wird sie leuchten,"
und: „die Nacht ist meine Erleuchtung, sie wird mir zur Wonne."
Die Heiligung also, die sich in dieser Nacht ereignet,
jagt die Verbrechen fort, spült weg jede Schuld,
gibt Gestrauchelten wieder die Unschuld und Trauernden Freude.
Feindschaft jagt sie fort,
bereitet die Eintracht und beugt die Gewalten.

In deiner Gnade also, die diese Nacht durch waltet,
nimm an, heiliger Vater, das Abendopfer dieses Loblieds,
das dir in dieser Kerze festlicher Darbringung,
durch die Hände deiner Diener,
aus der Arbeit der Bienen, entrichtet die hochheilige Kirche.
Doch schon wissen wir, wie sich der Heroldsruf dieser Säule verbreitet,
die das goldene Feuer zur Ehre Gottes entzündet hat:
Wenn es auch vielfach geteilt ist,
weiß es dennoch von keiner Schwächung des weitergereichten Lichtes.
Es nährt sich nämlich vom schmelzenden Wachse,
das als den Reichtum dieser kostbaren Fackel die Mutter Biene bereitet hat.
O wahrhaft selige Nacht,
da werden verbunden Irdischem Himmlisches,
Menschlichem Göttliches.

So bitten wir dich, o Herr:
Diese Kerze, geweiht zur Ehre deines Namens,
brenne unermüdlich weiter,
um das Dunkel dieser Nacht zu vernichten.
Als lieblicher Opferduft entgegengenommen,
mische sie sich unter die Lichter am Himmel.
Lodernde Flamme – so soll sie finden der Morgenstern.
Jener Morgenstern nämlich, der keinen Untergang kennt:
Christus, dein Sohn,
der, zurückgekehrt aus denen, die unter der Erde sind,
dem Menschengeschlechte heiter aufging
und der lebt und herrscht in alle Ewigkeit.

(Übersetzung: Norbert Lohfink)

Der erste klangliche Höhepunkt der Osternacht ereignet sich ganz zu Beginn, im feierlichen Osterlob, das aus einer Einleitung (Prolog) und einem mit einem Dialog eingeleiteten Lobpreis in der Art der Eucharistischen Hochgebete besteht. Es handelt sich um eine bis in die christliche Frühzeit zurückreichende Tradition eines Segensgebetes zur Darbringung der Osterkerze. Dabei steht aber nicht die Kerze im Mittelpunkt; vielmehr will das Kerzenopfer, durchaus eine kostbare materielle Gabe, das Wesentliche, nämlich das Opfer des Lobes, symbolisch unterstützen. Verkünder des Osterlobes ist nicht wie beim Eucharistischen Hochgebet der Priester, sondern der Diakon, dem in der Osternacht später auch die Verkündigung des Osterevangeliums zukommt. Der Name Exsultet kommt von dem ersten Wort der Einleitung des Osterlobes, im Messbuch übersetzt mit „Frohlocke!" In diesem Auftakt zum eigentlichen Vollzug des Lobes wird die angemessene Reaktion auf das im Folgenden geschilderte Heilshandeln Gottes thematisiert: Es geht um den Lobpreis des ganzen Kosmos.

Der Prolog besteht aus einer dreifachen Aufforderung zum Lob und einer Bitte an die Anwesenden um Unterstützung beim Vollzug des Lobes der Kerze. Der Alttestamentler Norbert Lohfink hat vor einigen Jahren eine Neuübersetzung vorgelegt, die den feinen Nuancierungen des lateinischen Textes gerecht zu werden versucht. Dies gilt bereits für den Prolog des mit biblischen Anspielungen getränkten poetischen Textes. Schon das erste Wort „exsultet" ist kaum übersetzbar. Es bedeutet etwa aufhüpfen, sich ausgelassen umhertummeln. Angesprochen sind die himmlische Schar der Engel (angelica turba caelorum) und die „göttlichen Dienste" (divina mysteria). Sie sollen für den Siegeszug des Königs die Posaune (tuba) erschallen lassen. Bei dem Wort „tuba" vollzieht die gregorianische Melodie einen Quintsprung. Hier wird deutlich angespielt an den Fanfarenstoß der Posaune, der den „adventus Domini", die Wiederkunft Christi am Jüngsten Tag ankündigt (vgl. Offb 11,15). Dieser eschatologische Bezug gleich zu Beginn – der am Ende des Osterlobes noch einmal aufgegriffen wird – ist programmatisch für das Verständnis des ganzen Exsultet.

Als Zweites wird der Erdkreis, der durch leuchtende Blitze (fulgor) erhellt ist (vgl. Offb 11,19), zur Freude (gaudeat) aufgefordert. Die Pracht (splendor) des ewigen Königs vermag, alles Dunkel zu vertreiben. Dies soll man „verspüren" beim Anblick des Kerzenlichtes.

Als Drittes wird die „Mutter Kirche" zur Freude (laetetur) aufgerufen. Sie ist mit Blitzen „geschmückt". Wieder mündet das Visuelle in das Akustische: „und vom lauten Jubel der Völker töne wider (resonet) diese Halle." Gemeint sind die zum Gottesvolk geeinten Völker, Juden und Heiden in der Vollendung, antizipatorisch repräsentiert in der gottesdienstlichen Versammlung, die den Lobpreis der Himmlischen aufgreift „mit lauten Stimmen". Es handelt sich hier um eine Akklamation wie beim Sanctus der Messe, ein Einstimmen in den himmlischen Lobgesang. Davon soll die Halle widerklingen. Die folgenden Sätze richten sich in der Weise antiker Rhetorik an die beim

Licht Stehenden, sie mögen den Diakon (hier mit der atl. Bezeichnung „Levit") bei der Bitte um Gottes Erbarmen unterstützen, dass Gott selbst durch den von eben diesem Licht Erfüllten das Lob wirken möge (perficere). Es ist eine indirekte Bitte des Zelebranten für sich selbst, wie sie im Eucharistischen Hochgebet geläufig ist und die eigene Unwürdigkeit des Opfernden zum Inhalt hat.

Dann erst, nach diesem feierlichen Prolog, kann mit dem dreigliedrigen Eröffnungsdialog „Der Herr sei mit euch ..." das eigentliche Osterlob zum Ausdruck kommen. Die ganze belebte und unbelebte Kreatur muss sich dazu vereinigen, und doch wird es nicht gelingen, wenn der Schöpfer des Alls nicht selbst das unvollkommene Tun seiner Geschöpfe vollendet.

24 Frühlingserwachen und Schöpfungslob

Salve festa dies toto venerabilis aevo,
Qua Deus infernum vicit et astra tenet.

Ecce renascentis testatur gratia mundi
Omnia cum Domino dona redisse suo.

Namque triumphanti post tristia tartara Christo
Undique fronde nemus gramina flore favent.

Legibus inferni oppressis super astra meantem,
Laudant rite Deum lux, polus, arva, fretum.

Qui crucifixus erat Deus, ecce per omnia regnat,
Dantque Creatori cuncta creata precem.

Gruß dir, du festlicher Tag, ehrwürdig alle Zeit,
An dem Gott die Hölle besiegt hat, und den Sternen gebietet.

Sieh' es bezeugt die Anmut der wiedergeborenen Erde,
Dass herrlich mit ihrem Herrn ihr neu geschenkt alle Gaben.

Dem triumphierenden Christus huldigt nach finsterer Hölle
Das sprossende Grün überall und auch die blühenden Fluren.

Der Hölle Gesetz ist gebrochen, der Herr steigt empor zum Himmel,
Ihn loben fröhlich das Licht, der Erdkreis, die Saat und die Meere.

Der Gott, der am Kreuze gehangen, weit herrscht er über das All,
und alles Geschaffene ruft mit Bitten zum Schöpfer empor.

Der Hymnus „Salve festa dies" des Venantius Fortunatus († kurz nach 600) war als Prozessionsgesang zu Ostern, Christi Himmelfahrt und Pfingsten (mit wechselnden Versen) bis ins 19. Jahrhundert hinein weit verbreitet. Im Bistum Trier wird er noch heute verwendet. In Köln wurde er vor dem Osterhochamt vom Chor und zwei Vorsängern auf dem Domhof gesungen, bevor die Prozession in den Dom Einzug hielt. Die als Refrain verwendete erste Strophe besingt den Ostertag als den Tag des Sieges über den Tod. Es ist zugleich der Tag der Neuen Schöpfung, wie die folgenden Strophen zum Ausdruck bringen. Das Frühlingserwachen wird als Symbol des vom Auferstandenen endgültig geschenkten neuen Lebens gedeutet. Ähnlich wie in alttestamentlichen Gesängen (Ps 19; Dan 3,51–90) ist die „vernunftlose" Schöpfung Subjekt der Gottesverehrung. Allein durch sein Dasein gibt das Geschaffene Kunde vom Geschenk neuen Lebens. Die Schönheit der aus der Winterstarre wiedererwachten Natur erscheint wie eine Symphonie der Augen, Vorgeschmack der endzeitlichen Vollendung der ganzen Schöpfung. Die Kirche wird in ihrem Hymnus zur Stimme der gesamten erlösten Schöpfung. Die letzte Strophe blickt freilich noch einmal auf den Karfreitag zurück mit ähnlichen Worten wie im Karfreitagshymnus des Venantius „Vexilla regis": „regnavit a ligno Deus – es herrschet Gott vom Holz herab." Das einzige Opfer des neuen Bundes muss durch die Zeiten hindurch weiterwirken bis zur Vollendung. Noch viele Dunkelheiten gilt es zu überwinden, bis das Licht des neuen Lebens alles erfüllt. Noch ist das Gotteslob verbunden mit Bitten. Aber die Hoffnung auf ihre Erfüllung trägt – salve festa dies!

25 Osterspiele

Wir spielen Ostern

Wir spielen Ostern mit den Kindgewordnen
Wir spielen Winterende Lenzbeginn
Osterduft und Goldblauglanz
Bis sich das Schneeland auflöst und verwandelt
Schneeglocken auferstehn weiß duften
Glocken läuten und alles mitspielt

Wir Osterspieler mit erblühten Lauten
Veilchenflöten Sonnenorgeln
Wir österlich Vertrauten

Spielen Thoratanz und Offenbarung
Mit Hyazinthen und erweckten Blättern
Spielen Osterduft und Wiederfreude
Wiederfinden alles Auferstandnen
Wiederwissen daß wir Kinder sind

Rose Ausländer

Im „Allerheiligsten" deutscher Literatur, in Goethes „Faust", hat Ostern einen Stellenwert. In der Tragödie erster Teil (entstanden 1808) spricht der lebensmüde Protagonist: „Der letzte Trunk sei nun, mit ganzer Seele, / Als festlich hoher Gruß, dem Morgen zugebracht! / (Er setzt die Schale an den Mund.) / Glockenklang und Chorgesang. / Chor der Engel: / Christ ist erstanden! ..." Das hält Faust davon ab, das Gift zu trinken: „Verkündiget ihr dumpfen Glocken schon / Des Osterfestes erste Feierstunde? / Ihr Chöre, singt ihr schon den tröstlichen Gesang, / Der einst, um Grabes Nacht, von Engelslippen klang, / Gewißheit einem neuen Bunde?" Freilich kann das sein Dilemma nicht beseitigen: „Die Botschaft hör ich wohl, allein mir fehlt der Glaube... / Und doch, an diesen Klang von Jugend auf gewöhnt, / Ruft er auch jetzt zurück mich in das Leben.../ Da klang so ahnungsvoll des Glockentones Fülle, / Und ein Gebet war brünstiger Genuß .../ Erinnrung hält mich nun, mit kindlichem Gefühle, / Vom letzten, ernsten Schritt zurück. / O tönet fort, ihr süßen Himmelslieder! / Die Träne quillt, die Erde hat mich wieder!"

Osterklänge erinnern Faust an seine glückliche Kindheit und rufen ihn ins Leben zurück. Auch in dem Gedicht „Wir spielen Ostern" der jüdischen Dichterin Rose Ausländer (1901–1988) ist von Ostergeläut die Rede, wie im Faust als Kindheitserinnerung: „Wir spielen Ostern mit den Kindgewordnen." Ist es nur ein „Als ob"? „Wir Osterspieler mit erblühten Lauten / Veilchenflöten Sonnenorgeln / Wir österlich Vertrauten // Spielen Thoratanz und Offenbarung / mit Hyazinthen und erweckten Blättern / spielen Osterduft und Wiederfreude / Wiederfinden alles Auferstandnen / Wiederwissen daß wir Kinder sind." Kann die kindliche Regression das Problem lösen? Wohl kaum, allenfalls kann sie es eine Zeitlang verdrängen. Was aber kommt dann? Was verbindet die 200 Jahre alte literarische Gestalt des frustrierten Gelehrten, der „leider auch Theologie" studiert hat, mit der liberal aufgewachsenen jüdischen Dichterin des 20. Jahrhunderts? Ist es nur die nostalgische Sehnsucht nach der verlorenen Kindheit, als alles noch gut auszugehen schien? Bei Rose Ausländer ist es mehr: Das Wissen um die Unzulänglichkeit des Planens und Machens. Stattdessen spricht sie von Wiederfreude, Wiederfinden und Wiederwissen – ein Spiel und doch Realität.

Judentum und Christentum spielen Jahr für Jahr ihr heiliges Spiel von Pessach und Ostern, das Spiel von Befreiung und neuem Leben, wohl wissend, dass die Realität meist eine andere Sprache spricht. Dieses Spiel ist kein „Als ob", sondern ein „Trotzdem". Romano Guardini schrieb 1918: „Liturgie üben heißt, ... das Wort des Herrn erfüllen und ‚zu werden wie die Kinder'; einmal verzichten auf das Erwachsensein, das überall zweckhaft handeln will, und sich entschließen, zu spielen, so wie David tat, als er vor der Arche tanzte." Das ist kein Larifari, keine Vortäuschung falscher Tatsachen, sondern Ausdruck eines tiefen Vertrauens auf den anwesenden Gott in jeder Lage. Wer sich auf dieses Spiel einlässt, braucht kein böses Erwachen zu fürchten, da Gott selbst mit im Spiel ist und es zu einem guten Ende führt.

26 Iubilate

In der „Grundordnung des Kirchenjahres und des neuen römischen General-kalenders" von 1969 heißt es über die Osterzeit: „Die Zeit der fünfzig Tage vom Sonntag der Auferstehung bis Pfingstsonntag wird als ein einziger Festtag gefeiert, als ‚der große Tag des Herrn'. In diesen Tagen vor allem wird das ‚Halleluja' gesungen." Fünfzig Tage Jubel – geht das überhaupt? Tat-sächlich hat man diesen Marathon in der Geschichte der Kirche nicht durchgehalten, insofern man die Zeit der fünfzig Tage, die Pentekoste, in einen Oster- und einen Pfingstzyklus auflöste. Doch behielten die Sonntage nach Ostern ihren freudigen Charakter, so der Sonntag „Iubilate", benannt nach dem Introitusgesang aus Psalm 66(65): „Jauchzt vor Gott, alle Men-schen der Erde! Spielt zum Ruhm seines Namens! Verherrlicht ihn mit Lob-preis! Halleluja." Auch der Gesang zur Gabenbereitung, das Offertorium, spart nicht mit Worten des Lobes, hier nach Psalm 146(145): „Lobe, meine Seele, den Herrn. Ich werde den Herrn loben mein Leben lang, meinem Gott spielen, so lange ich bin, halleluja." Schließlich die Antiphon zur Kommuni-on nach der heutigen Ordnung der Gregorianischen Gesänge aus Psalm 96(95): „Singt dem Herrn, halleluja. Singt dem Herrn und preist seinen Na-men, verkündet sein Heil von Tag zu Tag, halleluja."

Die Liturgiereform hat den freudigen Charakter der ganzen Osterzeit bis zum Pfingstfest einschließlich so stark betont, um die Mitte aller Liturgie, das Paschamysterium des Todes und der Auferstehung Christi, wieder be-wusst zu machen. Die Frage ist, ob und wie es gelingt, eine österliche Spiri-tualität herauszubilden, die nicht nur theoretisch, sondern auch praktisch dem Osterjubel Raum gibt. Wie muss das Jauchzen, Spielen und Lobpreisen, das Singen und Verkünden klingen, dass es das ganze Leben prägen kann? Wie weit darf Emotionales mitschwingen? Und vor allem: Woher kommt die Motivation zum unaufhörlichen Jubel? Das Tagesgebet vom dritten Sonntag der Osterzeit scheint um die Anfechtung der Osterfreude und die Ambiva-lenz des Osterjubels zu wissen, wenn es um deren Fortdauer bittet, zugleich aber auch die Begründung für die Berechtigung der freudigen Grundstim-mung der Christen liefert: „Allmächtiger Gott, lass die österliche Freude in uns fortdauern, denn du hast deiner Kirche neue Lebenskraft geschenkt und die Würde unserer Gotteskindschaft in neuem Glanz erstrahlen lassen. Gib, dass wir den Tag der Auferstehung voll Zuversicht erwarten als einen Tag des Jubels und des Dankes."

27 Osterlärm

„Höllenlärm weckt Tote auf" lautete der Titel einer Reportage zu Ostern 2011 in deutschen Kirchenzeitungen. Berichtet wurde über die „Rappelnacht" im sauerländischen Hallenberg. In der Nacht vom Karsamstag zum Ostersonntag versammeln sich etwa 100 junge Männer mit allerlei Gerät, um damit um Punkt Mitternacht nach dem Gesang des Hallenberger Osterliedes auf den Straßen einen Höllenlärm zu produzieren. Es handelt sich um ein in vielen Varianten überliefertes Brauchtum, in dem älteste Traditionen, allerdings oft in säkularisierter Form, fortleben. Im Hintergrund steht der Gedanke des Descensus ad inferos, des Abstiegs Christi in die Unterwelt, wie er bildlich vor allem in der ostkirchlichen Osterikone dargestellt, aber auch in westlichen Darstellungen des Mittelalters verbreitet ist. In der mittelalterlichen Ostersequenz, dem zusätzlichen Gesang vor dem Evangelium, wird unter Bezug auf 1 Kor 15,55 darauf angespielt: „Tod und Leben, die kämpften unbegreiflichen Zweikampf; des Lebens Fürst, der starb, herrscht nun lebend."

Das Bildmotiv vom Höllenkampf hat einen konkreten literarischen Hintergrund im apokryphen Nikodemus-Evangelium. Wie am Palmsonntag spielt auch hier Psalm 24 eine Rolle mit dem Ruf „Atollite portas – Öffnet euch, ihr Tore!" Jetzt ist es das Tor zur Unterwelt, dessen Riegel nach dreimaligem Ruf einer Donnerstimme mit lautem Getöse bersten. Auf den Osterikonen ist dies oft recht drastisch dargestellt. Das Entscheidende ist aber die soteriologische Aussage, die Befreiung aus Sünde und Tod: Satan wird von Hades in Ketten gelegt und beschimpft. Dann heißt es: „Während aber der Hades so mit Satan sprach, streckte der König der Herrlichkeit seine rechte Hand aus und ergriff und erweckte Adam auf, den Ahnherrn. Danach wandte er sich auch zu den übrigen und sprach: ‚Her zu mir; alle, die ihr durch das Holz, von dem dieser gekostet hat, zu Tode gebracht worden seid! Denn siehe, ich will euch wiederum durch das Holz des Kreuzes auferstehen lassen.' Dazu jagte er alle hinaus …" Der „Höllenlärm" ist ursprünglich Ausdruck der Freude über die Erlösung aller Menschen, darüber, dass die Hölle leer ist. Es ist dies die auf 1 Petr 3,19 fußende theologische Aussage des Karsamstags, an der die mythische Begebenheit festgemacht wird. Die Texte des Stundengebets an diesem Tag nehmen wiederholt darauf Bezug: „Unser guter Hirte ging dahin, der Quell lebendigen Wassers. Bei seinem Heimgang hat sich die Sonne verfinstert. Gefesselt ist er, der den ersten Menschen gefangenhielt. Heute hat unser Erlöser die Pforten und Riegel des Todes alle zerbrochen. Vor seinem Anblick flüchtet der Tod, auf seinen Ruf erstehen die Toten. Die Pforten des Todes zerbarsten, da sie ihn schauten" (Responsorium der Karmette); „O Tod, ich bin dein Tod, Totenreich ich bin dein Untergang!" (Antiphon zur Vesper aus Hos 13,14). Das Motiv lebt auch in zahlreichen Osterliedern fort: „Er hat zerstört der Höllen Pfort, / die Seinen all heraus-

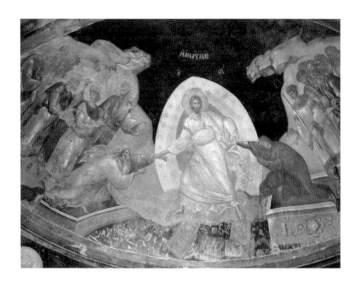

geführt / und uns erlöst vom ewgen Tod" (GL 326,3); „Des Herren Sieg bricht in uns ein, / da sprengt er Riegel, Schloss und Stein; in uns will Christus Sieger sein" (GL 324,3); „Sein' Raub der Tod muss geben her; das Leben siegt und wird ihm Herr. / Zerstöret ist nun all sein Macht; / Christ hat das Leben wiederbracht" (GL Köln 771,3); „O Lebensfürst, o starker Held, / von Gott vorzeit versprochen, / vor dir die Hölle niederfällt / da du ihr Tor zerbrochen" (GL Köln 774,3).

Der Höllenlärm hat also nicht das letzte Wort; er wird vielmehr abgelöst vom unaufhörlichen himmlischen Lobpreis der Erlösten: „Nun jauchzt und jubelt überall. / Die Welt steht auf von ihrem Fall. / Gott herrscht in uns, er herrscht im All. / Halleluja" (GL 324,4).

28 Cantate

Der fünfte Sonntag der Osterzeit trägt den schönen Namen „Cantate – singt!" Der Introitus stammt aus Ps 98 (97), 1: „Singt dem Herrn ein neues Lied, halleluja: denn Wunder hat der Herr vollbracht, halleluja. Vor den Augen der Völker hat er seine Gerechtigkeit offenbart, halleluja, halleluja." Nirgends sonst kommt das Halleluja so überzeugend zum Erklingen wie in der Zeit, in der des neu geschenkten Lebens gedacht wird, das keinen Tod mehr schauen wird. Das Halleluja ist das neue Lied schlechthin (vgl. Offb 19, 1–8). Nur muss es auch zum Erklingen kommen, wirklich gesungen werden. Übersetzt heißt es: Lobt Gott! Es ist Aufforderung zum Lob und Vollzug des Lobes zugleich. Es bloß zu sprechen wäre in etwa so, als würde man seinen Gästen, statt ihnen eine Speise aufzutischen, mit wohlgesetzten Worten das Rezept vortragen.

Singen ist seit jeher ein Merkmal der christlichen Gemeinden, wie die neutestamentlichen Schriften bezeugen. Die Christen stehen damit in Kontinuität zu Israel, dessen Lieder sie weitersingen wie z. B. Psalm 98, doch hat ihr Singen durch den Osterglauben einen neuen Klang hinzugewonnen. So kann es auch nicht verwundern, dass das Neue Testament eine Reihe von Hymnen überliefert, sicher nur ein verschwindender Bruchteil der tatsächlich gesungenen Lieder. Die Allgemeine Einführung in das Römische Messbuch nimmt darauf Bezug: „Der Apostel mahnt die Gläubigen, die sich in der Erwartung der Wiederkunft ihres Herrn versammeln, miteinander Psalmen, Hymnen und geistliche Lieder zu singen (vgl. Kol 3,16). Der Gesang ist ja Ausdruck der Herzensfreude (vgl. Apg 2,46). Augustinus sagt mit Recht: ,Den Liebenden drängt es zum Singen', und in einem alten Sprichwort heißt es: ,Doppelt betet, wer gut singt.'" (AEM 19)

Worin liegt nun das Besondere jenes doppelten Betens? Das Zitat aus den Bekenntnissen des hl. Augustinus „cantare amantis est" weist den Weg: Die Christen kennen den, den sie erwarten. Ihr Singen ist Zeichen der Erwiderung der Liebe, die ihr Herr ihnen bis hinein in den Tod erwiesen hat. Freilich ist ihr Geliebter wie im Hohelied nicht greifbar anwesend, sie stehen in der Erwartung seiner Wiederkunft, wie das christliche Credo bekennt. Aber es ist ein erfülltes Warten, gefüllt mit dem beständigen Klang des Gesangs der Erlösten, der sich schon jetzt mit dem unaufhörlichen Klang der Verherrlichten im Himmel mischt. Der Klang transzendiert den Klangkörper und eröffnet einen spirituellen Erfahrungsraum. Der jüdische Religionsphilosoph Franz Rosenzweig schrieb in seinem Werk „Stern der Erlösung": „Nicht die Prophezeiung also ist die besondere Form, in der die Erlösung Inhalt der Offenbarung sein kann, sondern es muss eine Form sein, die der Erlösung ganz eigen ist, die also das Noch-nicht-geschehen-sein und Doch-noch-einst-geschehen-werden ausdrückt. Das ist aber die Form des gemeinsamen Gesangs der Gemeinde." Der Theologe Thomas Eicker kommentiert: „Der Gesang führt also den Menschen mit seinen Mitmenschen, mit seiner (Um-)Welt im Zeugnis und gesungenen Bekenntnis zusammen. Der Chorgesang wird Rosenzweig zum Bild für die Erlösung. Er ist eine erste Frucht der Erlösung, weil das Gebet schon erhört wurde, da alle beten und sich im gemeinsamen Lob gefunden und vereinigt haben." Worüber man nicht sprechen kann, schrieb Ludwig Wittgenstein, darüber muss man schweigen. An Ostern eröffnet sich aber eine Alternative: „Singt dem Herrn das neue Lied!"

29 Osterlachen

In dem Buch „Der Name der Rose", der berühmten mittelalterlichen Kriminalgeschichte des italienischen Semiotikprofessors Umberto Eco, spielt das Lachen eine zentrale Rolle. Dieses, so der blinde Bibliothekar Jorge von Burgos, töte die Furcht, ohne die es aber keinen Glauben gebe. Wer den Teufel nicht mehr fürchtet, braucht keinen Gott mehr: „Dann können wir auch über Gott lachen." Wer über etwas Heiliges, ja sogar über Gott lacht, begeht nach Übereinkunft vieler religiöser Traditionen eine Blasphemie. Anscheinend gibt es im religiösen Bereich nicht viel zu lachen. Oft begegnet das Lachen in der Bibel in negativer Verwendung als auslachen: „Jetzt aber lachen über mich, / die jünger sind als ich an Tagen, / deren Väter ich nicht für wert geachtet, / sie bei den Hunden meiner Herde anzustellen (Ijob 30,1). Da einem leicht das Lachen vergehen kann, verzichten manche lieber darauf: „Über das Lachen sagte ich: Wie verblendet!, / über die Freude: Was bringt sie schon ein?" (Koh 2,2). Doch gilt die weisheitliche Erfahrung: Es gibt „eine Zeit zum Weinen / und eine Zeit zum Lachen, / eine Zeit für die Klage / und eine Zeit für den Tanz" (Koh 3,4). Auch wenn man weiß, dass nach jeder Freude wieder neues Leid kommen wird, so hat der Umschlag von Trauer zur Freude, vom Weinen zum Lachen etwas Beglückendes.

Vom Mittelalter bis ins 19. Jahrhundert hinein gab es in der Liturgie ein institutionalisiertes Gelächter: den risus paschalis, das Osterlachen. Zu einer richtigen Osterpredigt gehörte ein herzhaftes Lachen, „das der Prediger zunächst durch humorvolle Ausschmückung einer der Ostergeschichten auf den noch vom Ernst der Fastenzeit und der Karwoche geprägten Gesichtern seiner Zuhörer hervorruft. Sie werden von der Osterfreude des Predigers, dessen Stimme in all den zurückliegenden Wochen so ernst von der Kanzel geklungen hatte, im wahrsten Sinne des Wortes ‚angesteckt' ... Wer in der Osternacht die Osterbotschaft zu verkünden hat, sollte mit seinem Osterglauben und seiner Osterfreude ansteckend wirken" (Balthasar Fischer). Dass der Brauch des risus paschalis bald aus den Fugen geraten ist, Gelegenheit zu schlechten Witzen über andere und zu derben Zoten bot, steht außer Frage. Manche vermuten sogar, dass er von Anfang an ein Ventil für unterdrückte Sexualität war. Daher gab es auch immer wieder Verbote. Doch konnte der risus paschalis, wenn man ihn auf seinen Kern zurückführt, keineswegs nur in die Peripherie, sondern auch ins Zentrum führen. Wer erfüllt ist von der Osterfreude, darf aus vollem Herzen lachen. Wer im Glauben gefestigt, mit Gott und sich selbst im Reinen ist, kann auch im Bereich des Religiösen einen guten Witz vertragen. Hierzu gibt die Bibel eine Bestätigung aus der Glaubensüberlieferung Israels: „Als der Herr das Los der Gefangenschaft Zions wendete, / da waren wir alle wie Träumende. Da war unser Mund voll Lachen / und unsere Zunge voll Jubel. Da sagte man unter den andern Völkern: / ‚Der Herr hat an ihnen Großes getan.' Ja, Großes hat der Herr an uns getan. / Da waren wir fröhlich" (Ps 126,1–3). Und in der Feldrede nach Lukas verheißt Jesus: „Selig, die ihr jetzt hungert, denn ihr werdet satt werden. Selig, die ihr jetzt weint, denn ihr werdet lachen" (Lk 6,21).

30 Beim Schall der Hörner

Die Himmelfahrt Jesu wird im lukanischen Doppelwerk gleich zweimal geschildert, im Evangelium (Lk 24,50–53) und in der Apostelgeschichte (Apg 1,4–11). Vor allem der Bericht aus der Apostelgeschichte mit der Erscheinung der beiden Männer im weißen Gewand prägt die Vorstellung von diesem Ereignis: „Ihr Männer von Galiläa, was steht ihr da und schaut zum Himmel empor?" Über die Art des Entschwindens Jesu wird nichts gesagt, nur, dass eine Wolke ihn aufnahm und ihn so ihren Blicken entzog. Geschah das lautlos? Eine der ältesten und bekanntesten Himmelfahrtsdarstellungen der christlichen Kunst findet sich im Rabula-Codex, einem Evangeliar aus dem 6. Jahrhundert. Christus wird von Engeln in einer Mandorla emporgehoben, darunter die Seraphim aus der Thronwagen-Vision des Propheten Ezechiel (Ez 1,4–28). Es sind die vier geflügelten Wesen in Tiergestalt, die in der Apokalypse wieder auftauchen (Offb 4,6–8) und später mit den vier Evangelisten identifiziert werden. Von diesen Lichtgestalten gehen Feuerzungen, also Blitze aus. Es handelt sich demnach nicht nur um ein Himmelfahrtsbild, sondern zugleich um ein Pfingst- und ein Wiederkunftsbild. So gipfelt auch der Introitusgesang „Viri Galilaei" aus Apg 1,11 in dem Wort „veniet" – er wird kommen.

Die biblische Vorlage des Bildes aus Ezechiel (kombiniert mit der Vision der Cherubim des Jesaja im Tempel, Jes 6,1–7) suggeriert, dass die Himmelfahrt (wie auch die Höllenfahrt) keineswegs geräuschlos vonstattengegangen ist. Da ist von loderndem Feuer und gewaltig rauschenden Flügeln die Rede. Die christliche Überlieferung hat das Geschehen freilich noch weiter ausgemalt. Sie tat dies wie so oft unter Zuhilfenahme alttestamentlicher Aussagen, insbesondere aus den Psalmen. Voraussetzung für diese Übertragung ist die Glaubensgewissheit: Jesus, in den Himmel aufgefahren, setzt sich zur Rechten Gottes (Mk 16,19), „und Engel, Gewalten und Mächte sind ihm unterworfen" (1 Petr 3,22). Damit steht das ganze messianische Motivmaterial zur Verfügung, etwa Psalm 110(109), das „Dixit Dominus", der erste Psalm der Vesper vom Tag: „So spricht der Herr zu meinem Herrn: Setze dich mir zur Rechten, und ich lege die deine Feinde als Schemel unter die Füße." Der klassische Himmelfahrtspsalm ist jedoch Psalm 47(46), der zweite Psalm der Vesper: „Ihr Völker alle, klatscht in die Hände; jauchzt Gott zu mit lautem Jubel." Dieser Psalm, der auch in den Propriumsgesängen der Messe wiederholt vorkommt, ist voller Klänge: „Gott stieg empor unter Jubel, / der Herr beim Schall der Hörner. Singt unserm Gott, ja, singt ihm! / Spielt unserm König, spielt ihm! Denn Gott ist König der ganzen Erde. / Spielt ihm ein Psalmenlied!" Ein weiterer Himmelfahrtspsalm ist Psalm 68(67): „Gott steht auf, seine Feinde zerstieben/ Die ihn hassen, fliehen vor seinem Angesicht." In der lateinischen Kommunionantiphon der Festmesse (Lesejahr C) heißt es: „Singt für den Herrn, der emporstieg über die Himmel

der Himmel nach Osten, halleluja." (Ps 67,33.34). Christen wenden sich seit ältester Zeit nach Osten zum Gebet, in Erwartung des wiederkommenden Herrn. Ihr Singen verbindet sich aufgrund seiner Himmelfahrt schon jetzt mit dem Gesang derer, die vor Gottes Thron stehen.

31 In Sturmes Braus

Pfingsten unterscheidet sich von den anderen österlichen Hochfesten darin, dass sein biblischer Referenztext nicht in den Evangelien zu finden ist, sondern in der Apostelgeschichte (Apg 2,1–11). Die Sendung des Hl. Geistes ermöglicht erst das rechte Verständnis der Botschaft und des Lebensschicksals Jesu und begründet das Leben der Kirche. So verwundert es nicht, dass die Herabkunft des Geistes in kosmischen Dimensionen geschildert wird: als plötzliches Brausen, das wie ein gewaltiger Sturm daherkommt. Zu diesem akustischen Element tritt ein visuelles hinzu: Zungen wie von Feuer erscheinen über den versammelten Aposteln. In der Pfingstpredigt deutet Petrus dieses Ereignis: „Jetzt geschieht, was durch den Propheten Joël gesagt worden ist: In den letzten Tagen wird es geschehen, so spricht Gott: Ich werde von meinem Geist ausgießen über alles Fleisch. Eure Söhne und eure Töchter werden Propheten sein, (...) Ich werde Wunder erscheinen lassen droben am Himmel und Zeichen unten auf der Erde: Blut und Feuer und qualmenden Rauch. Die Sonne wird sich in Finsternis verwandeln und der Mond in Blut, ehe der Tag des Herrn kommt, der große und herrliche Tag. Und es wird geschehen: Jeder, der den Namen des Herrn anruft, wird gerettet" (Apg 2,16–21 unter Bezug auf Joel 3,1–5). Die Prophetie des Joël spielt in einem zweiten Zusammenhang der Liturgie eine Rolle, in der Sequenz „Dies irae" der Totenliturgie. Hier ist es aber der apokalyptische schreckliche Tag, der Tag des Zornes und der Tränen. Gegenüber dem hebräischen Text des Joelbuchs macht der griechische eine Kehrtwendung zum Positiven und spricht vom Tag der Epiphanie, des Offenbarwerdens oder, wie die neue deutsche Übersetzung der Septuaginta schreibt, der aufsehenerregende Tag. Diese positive Interpretation von Joel wird in der Kommunionantiphon des Pfingstfestes „Factus est repente" nach Apg 2,2 und 4 akustisch ausgedeutet. Dabei werden die Feuerzungen ausgelassen: Es geht hier allein um Klang. Die gregorianische Melodie beginnt mit einem Quintsprung auf der Silbe „tus", quasi mit einem Trompetensignal. Fast lautmalerisch ist das Wort „sonus" (Geräusch, Brausen) ausgedehnt. Besonderes Gewicht legt die Melodie auf die Reaktion derer, die vom Geist Gottes erfüllt wurden: Sie verkünden die großen Taten Gottes (magnalia). Auch dieses Wort wird durch ein Melisma geradezu lautmalerisch hervorgehoben. Letztlich geht es hier nicht um den Event, sondern um Nachhaltigkeit. In der Liedparaphrase des Pfingsthymnus „Veni Creator Spiritus" heißt es: „Dich sendet Gottes Allmacht aus / im Feuer und in Sturmes Braus; / du öffnest uns den stummen Mund / und machst der Welt die Wahrheit kund" (GL 342,3). Trotz des spektakulären Auftakts zu Beginn der Apostelgeschichte wird das Wirken des Geistes eher im Verborgenen erfahren, wie die mittelalterliche Pfingstsequenz „Veni, Sancte Spiritus" mit ihren zarten Bildern nahelegt (GL 343–344). Von solcher Geisterfahrung spricht auch der letzte Abschnitt aus dem

„Gebet in der währenden Stunde" von Romano Guardini, das er am Ende seines Lebens formuliert hat: „Heiliger Geist, / zu uns gesendet, / weilend bei uns, wenn auch leer die Räume hallen, / als seiest du fern. / In deine Hand sind die Zeiten gegeben. / Im Geheimnis des Schweigens waltest du, / und wirst alles vollenden."

32 Segensraum

Engel auf den Urgefilden

Engel auf den Urgefilden
die ihr den Anfang losbindet,
die Weissagungen in die Elemente sät
bis die Fruchtknoten der Gestirne
sich ründen
und wieder die Monde des Todes
die abnehmende Tonleiter singen –
Und in staubiger Nachtwache
der Mensch die Arme wild
zum Himmel wirft
und Gott sagt
und die Dunkelheit
in einer Veilchenträne duftet –
Engel auf den Urgefilden
wieviel Martermeilen
muß die Sehnsucht, zurück
zu eurem Segensraum durcheilen!

Nelly Sachs (1949)

In ihrem Gedicht „Engel der Bittenden" schreibt die jüdische Dichterin Nelly Sachs: „Engel der Bittenden, / segne den Sand, / lass ihn die Sprache der Sehnsucht verstehen, / daraus ein Neues wachsen will aus Kinderhand, / immer ein Neues!" Segnen ist hier im biblischen Sinn gemeint als ein dialogisches Sprachgeschehen. Im Epheserbrief kommt diese Redeweise zu Beginn, im Loblied auf den Heilsplan Gottes, zum Ausdruck: „Gepriesen sei der Gott und Vater unseres Herrn Jesus Christus: er hat uns mit allem Segen seines Geistes gesegnet durch die Gemeinschaft mit Christus im Himmel." Es handelt sich um einen Segensspruch, eine Berakah, wie sie im Judentum zurzeit Jesu üblich war und bis heute jüdisches Beten prägt. Dabei geht es nicht darum, Gott durch den Lobpreis gleichsam größer zu machen, vielmehr profitiert der preisende Mensch, indem er sich vergewissert, dass er immer schon von der Gnade Gottes umfangen ist, in seinem Segensraum lebt. Eine Präfation im Römischen Messbuch lautet: „Unser Lobpreis kann deine Größe nicht mehren, doch uns bringt er Segen und Heil durch unseren Herrn Jesus Christus." Im Hebräischen, Griechischen und Lateinischen wird das wechselseitige Geschehen durch dasselbe Wort barak, eulogein bzw.

benedicere zum Ausdruck gebracht, im Deutschen mit dem nur noch im Ave Maria (nach Lk 1,42) verwendeten Lehnwort „benedeien".

Das Fest der Heiligsten Dreifaltigkeit am ersten Sonntag nach Pfingsten ist traditionell ganz von dieser Redeform geprägt. In Anlehnung an Segenssprüche, wie sie in den jüngeren Büchern des Alten Testaments überliefert sind, im Buch Tobit sowie beim Propheten Daniel, beginnen alle gregorianischen Messgesänge mit „benedictus", zu Deutsch etwa „gut zureden", drücken also ein klangliches Geschehen aus. Das uns zur Verfügung stehende Wort segnen – abgeleitet aus dem lateinischen signare, bezeichnen oder aussondern – ist dagegen eine räumlich-visuelle Kategorie. Diese Bezeichnung ist gegenüber der biblischen sekundär. Daraus kann man folgern: Das Geheimnis des dreieinigen Gottes lässt sich gemäß den biblischen Sprachen nicht bildlich oder räumlich darstellen, alle diesbezüglichen Versuche, abgesehen von symbolischen Andeutungen, sind zum Scheitern verurteilt. Wohl aber lässt es sich verlauten, weniger in dogmatischer Rede, als in Worten und Klängen des Gut-Zuredens, der Benediktion. Die Doxologie, der Zuspruch der Herrlichkeit am Ende der Gebete, hat die gleiche Funktion, so im Eucharistischen Hochgebet: „Durch ihn (Christus) und mit ihm und in ihm ist dir, Gott, allmächtiger Vater, in der Einheit des Heiligen Geistes alle Herrlichkeit und Ehre, jetzt und in Ewigkeit. Amen." Der dreieine Gott selbst bildet den Segensraum, in dem Gnade mitgeteilt und Lob gesungen wird. Der Geist Gottes, das Band der Einheit, verbürgt die Einheit in Gott und in der Kirche – eine Verheißung, deren ersehnte endgültige Erfüllung für uns freilich noch aussteht. In dem Gedicht „Engel auf den Urgefilden" schreibt Nelly Sachs: „Engel auf den Urgefilden / wieviel Martermeilen / muß die Sehnsucht, zurück / zu eurem Segensraum durcheilen!"

33 Die Steine der Singenden

Nach dem Ende der Osterzeit verstummt der Jubel keineswegs. Auch die normale Zeit kennt Momente österlicher Freude. Im Jahr 2011 setzte die Reihe der „grünen" Sonntage mit dem 13. Sonntag im Jahreskreis wieder ein, dessen Introitus aus Psalm 47(46),2 das Exsultet und das Alleluja der Osternacht nachklingen lässt: „Ihr Völker alle, klatscht in die Hände, jauchzt Gott zu mit lautem Jubel" (lat.: in voce exsultationis). Auf dem Wort „jauchzt" (iubilate) liegt die Emphase der ganzen Antiphon. In den gregorianischen Alleluja-Rufen soll der sogenannte Jubilus, die auf der letzten Silbe gesungene, schier endlos dauernde Tonfolge, eine Ahnung der Ewigkeit vermitteln. Dennoch ist jede Zeit auf Erden begrenzt. Der ewige Jubel ist den Himmlischen vorbehalten. Die Liturgie und die Musik sind Zeitkünste und daher endlich. Jedoch kann die bildende Kunst die Sehnsucht nach Dauer verstetigen.

Die Skulpturen des Bildhauers Günther Oellers (1925–2011) aus Linz am Rhein sind in Stein gehauenes, beständiges Gotteslob. Seine Skulpturen „Die Steine der Singenden" stellen singende Menschen dar, die in ihrem Tun eins werden. Man könnte an eine Mönchsgemeinschaft beim Stundengebet denken. Die Hände der Singenden sind erhoben zum Gebet. Ein für die Geschichte des christlichen Stundengebets zentraler Psalmvers sagt: „Wie ein Rauchopfer steige mein Gebet vor dir auf; als Abendopfer gelte vor dir, wenn ich meine Hände erhebe" (Ps 141,2). Im gemeinsamen Singen geschieht Bei-sich-Sein und Verschmelzung zugleich. Mit der Darstellung vollkommener Präsenz in Gemeinschaft gelingt es dem Bildhauer, das innerste Wesen gottesdienstlicher Feier ins Bild zu setzen.

Aber „Die Steine der Singenden" haben noch eine andere Dimension. Sie sind nicht nur steinerne Verkörperung von Klang, sondern kommen selbst zum Erklingen. Das Material – Mayener Basaltlava – gibt aufgrund seiner Beschaffenheit helle Klänge von sich. Die anthropomorphe Hohlform der Skulpturen bildet einen Klangkörper, der bei entsprechender Spieltechnik eine Fülle von musikalischen Möglichkeiten bietet. Dies wurde unter anderem beim Domjubiläum im Kölner Dom 1998 hörbar.

Günther Oellers studierte in Köln und Paris, wo er den Bildhauer Constantin Brancusi kennenlernte. Die Strenge der Form in der Abstraktion, die haptische Qualität der Materialbehandlung waren für ihn richtungsweisend. Sein Thema war das der Communio, des Verschmelzens von Individuen zu einem gemeinsamen Tun und zu einer kommunitären Existenz. Dem Werk liegt eine zutiefst christliche Anthropologie zugrunde, in der das Eins-Werden in Christus (vgl. Gal 3,28) die Personalität nicht in eine Überperson auflöst, sondern wahrt. Die Einheit bleibt dialogisch. Im Geheimnis des dreieinen Gottes selbst ist diese Einheit vorgebildet. Formal entspricht dieser Thematik der Versuch, die Gravität der Materie (so die Skulptur „Aufsteigen-

der Jubel") und ihre Stummheit ("Die Steine der Singenden") zu überwinden, so dass auch auf dieser Ebene Transzendenz sichtbar, hörbar und tastbar wird: "Jauchzt Gott zu mit lautem Jubel!"

34 Beim Hahnenschrei

O ew'ger Schöpfer aller Welt,
des Walten Tag und Nacht regiert,
du setzt den Zeiten ihre Zeit,
schenkst Wechsel in der Zeiten Lauf.

Der Hahn, des Tages Herold, ruft,
der Wächter in der Finsternis.
Sein Schrei trennt von der Nacht die Nacht,
dem Wanderer zur Nacht ein Licht.

Da steigt der Morgenstern empor,
erhellt das schwarze Firmament,
da weicht der dunklen Mächte Schar
vom Weg des Unheils scheu zurück.

Da fühlt der Schiffer neue Kraft,
des Meeres Brandung sänftigt sich,
der Fels der Kirche, Petrus, weint,
bereut die Schuld beim Hahnenschrei.

So stehet rasch vom Schlafe auf:
Der Hahn weckt jeden, der noch träumt.
Der Hahn bedrängt, die säumig sind,
der Hahn klagt die Verleugner an.

Hoffnung erwacht beim Hahnenschrei,
und Lindrung strömt den Kranken zu.
Der Räuber läßt von seinem Tun,
Gefallene vertrauen neu.

Herr, wenn wir fallen, sieh uns an
und heile uns durch deinen Blick.
Dein Blick löscht Fehl und Sünde aus,
in Tränen löst sich unsre Schuld.

Du Licht, durchdringe unsern Geist,
von unsern Herzen scheuch den Schlaf,
dir sei das erste Wort geweiht,
dich preise unser Morgenlob. Amen

Jerusalempilger kennen die Kirche St. Peter in Gallicantu südlich der Altstadt. Sie erinnert an die bittere Stunde des Apostelfürsten in der Nacht der Gefangennahme Jesu: „Im gleichen Augenblick, noch während er redete, krähte ein Hahn. Da wandte sich der Herr um und blickte Petrus an. Und Petrus erinnerte sich an das, was der Herr zu ihm gesagt hatte: Ehe heute der Hahn kräht, wirst du mich dreimal verleugnen" (Lk 21,60f). Die römische Kirche, die sich auf den hl. Petrus zurückführt, verdrängt diese unrühmliche Episode keineswegs. Im Gegenteil: Einer ihrer vornehmsten Hymnen, der sonntägliche Morgenhymnus „Aeterne rerum conditor", erinnert regelmäßig daran: „Der Fels der Kirche, Petrus, weint / bereut die Schuld beim Hahnenschrei." Es handelt sich um eines der von Augustinus bezeugten Lieder aus der Feder des Ambrosius von Mailand. In dem Buch „Geistliches Wunderhorn" heißt es: „Der wohl schönste dieser Hymnen ist das ‚Lied zum Hahnenschrei'. Die Bezeichnung ‚ad galli cantum' verweist zunächst einfach auf den liturgischen Ort des Stückes, nämlich auf das persönliche oder gemeinschaftliche Morgengebet. Ambrosius aber macht diese äußere Zeitangabe auch zum Inhalt, indem er die gesamte Komposition seines Liedes um die Erzählung über jenen berühmten Hahn der Bibel webt, der im Hof des Hohenpriesters dem Petrus kräht".

Die Wirkung dieses Hahnenschreis ist erstaunlich: Als „des Tages Herold" beendet der Hahn das Dunkel, der Wanderer sieht „zur Nacht ein Licht", der Morgenstern erwacht, „der dunklen Mächte Schar" weicht „vom Weg des Unheils scheu zurück", der Schiffer fühlt neue Kraft, „des Meeres Brandung sänftigt sich" – und Petrus bereut. Die Wirkung des Hahnenschreis reicht bis in die Gegenwart, er reißt die Schläfrigen aus dem Schlaf und klagt die Verleumder an. Doch vor allem lässt er neue Hoffnung aufkeimen, Kranken Heilung zufließen und Gefallene Vertrauen schöpfen. Kein gewöhnlicher Hahn also. Das Rätsel löst sich in der vorletzten Strophe auf, in der die Schilderung in die Form der Bitte umschlägt: „Herr, wenn wir fallen, sieh uns an / und heile uns durch deinen Blick. / Dein Blick löscht Fehl und Sünde aus, / in Tränen löst sich unsre Schuld." Der Hahn im Hymnus ist niemand anderes als Christus selbst. Er ist der „mystische Hahn", der den Tag der Erlösung verkündigt und die Schläfer aus dem Schlaf der Sünde aufweckt. Wer sich von ihm die Augen öffnen lässt, seinen Blick auf sich spürt, wird heil. Und so endet der Hymnus mit dem antwortenden Lobpreis: „Du Licht, durchdringe unsern Geist, / von unsren Herzen scheuch den Schlaf, / dir sei das erste Wort geweiht, / dich preise unser Morgenlob (wörtlich: dir erklinge als erstes unsere Stimme / und wir wollen dir die Gelübde erfüllen).

Die seit der Karolingerzeit bekannten Kirchturmhähne sind keine originell gestalteten Wetterfahnen, sondern Christussymbole. Sie zeigen zusammen mit dem Glockenschlag Tag und Stunde an: „Wach auf, du Schläfer, / und steh auf von den Toten / und Christus wird dein Licht sein!" (Eph 5,14).

35 Magnificat

Am Sonntag nach dem Fest Mariä Heimsuchung (2. Juli) beginnt in vielen Wallfahrtsorten die jährliche Wallfahrtsoktav, die bis zum darauffolgenden Sonntag nach wie vor zahlreiche Menschen in Bewegung setzt. Aus diesem Grund verblieb das Fest im Regionalkalender der deutschsprachigen Länder auf dem angestammten Platz, während es weltkirchlich am 31. Mai den Marienmonat beschließt. Im Mittelpunkt der Verkündigung steht das Magnificat, der Lobgesang Marias während ihres Besuchs bei Elisabeth (Lk 1,39–56). Die zunächst scheinbar belanglose Szene – eine Begegnung zweier schwangerer Frauen – erweist sich als ein bedeutendes Ereignis der Offenbarung. Auslöser einer Kette von Begebenheiten ist der Gruß Marias beim Betreten des Hauses, auf den hin das Kind im Leib der Elisabeth hüpft, was diese zu geistgeleitetem Ruf mit lauter Stimme veranlasst: „Gesegnet (benedicta) bist du mehr als andere Frauen, und gesegnet (benedictus) ist die Frucht deines Leibes." Auf die Benediktion der Elisabeth antwortet Maria mit ihrem ganz der jüdischen Tradition entsprechenden Lobpreis.

Der Evangelist will damit sagen: Was im Unscheinbaren und Stillen vonstatten zu gehen scheint, ist in Wirklichkeit ein großes und wirkmächtiges Geschehen. Anders als der Wortlaut der Einheitsübersetzung „Meine Seele preist die Größe des Herrn" lautet der griechische Text in wörtlicher Übersetzung: „Meine Seele macht den Herrn groß." Nicht Gott macht sich groß, sondern die Seele des Menschen macht ihn groß! Die spätere Aussage fügt erklärend hinzu: „Denn der Gewaltige hat Großes an mir getan." Gott erhebt die niedrige Magd auf Augenhöhe, daher kann sie ihr Magnificat sprechen. Sie nimmt teil am göttlichen Leben. Der Religionsphilosoph Richard Schaeffler kommentiert dies: „Die Sprachhandlung des Gebets aber ist die erste und grundlegende Weise, wie Menschen in diese Teilhabe am göttlichen Leben eintreten. Denn wie das Wort der Gestalt gewordene Atem ist, in dem die dem Menschen ganz individuell zugeeignete ‚Seele' sich ins Allgemeine, an jedermann, als objektiv gültiges Wort des ‚Geistes' zurückgibt, so ist auch das Gebet der Gestalt gewordene Atem dessen, der einatmend, Leben empfangend, am göttlichen Leben Anteil gewonnen hat, so daß er nun ausatmend, die empfangene Lebenskraft zurückgebend, allgemein und für jedermann verständlich aussagt, was der Inhalt seines Lebens ist: aus Gottes Freiheit ‚groß gemacht' worden zu sein und so gerufen zu sein, Gott ‚groß zu machen'."

Jeden Abend erklingt das Magnificat in der Vesper, dem Abendgebet der Kirche. Durch diesen Gesang dürfen sich alle mit der niedrigen Magd identifizieren, die Gott groß gemacht hat. Es gibt keine Unbedeutenden mehr, da Gott selbst die menschlichen Wertmaßstäbe vom Kopf auf die Füße gestellt hat: „Er stürzt die Mächtigen vom Thron und erhöht die Niedrigen." Im Magnificat von Johann Sebastian Bach, wohl der berühmtesten der zahlreichen Vertonungen, wird das „deposuit" (er stürzt) durch eine gewaltige Klangkaskade dargestellt. Kleine Ursachen können große Wirkungen haben. Die Einwilligung Marias beim Besuch des Engels und ihr Lobpreis während des Besuchs bei Elisabeth machen die Kleinen heute groß, enthalten ein Hoffnungspotential für alle Geschlechter, bis zur Vollendung der Welt.

36 Anbetung im Geist – Instrumental-musik im Gottesdienst I

Um die Kirchenmusik war es in der Frühzeit der Kirche nicht gut bestellt. Die Theologen der ersten Jahrhunderte lehnten nahezu geschlossen die Verwendung von Musikinstrumenten im Gottesdienst, ja für Christen überhaupt ab. War ihnen die zeitgenössische Spielmusik zu vulgär und zu weltlich, so wurde die antike Kunstmusik als heidnische „Wissenschaft" umso mehr verdächtigt. Eine Kirchenordnung des dritten Jahrhunderts schließt die gebildeten Fachmusiker sogar von der kirchlichen Gemeinschaft aus.

Der Grund für die Ablehnung der gängigen Musiktraditionen durch die Kirchenväter liegt in einem – oft leibfeindlichen – Rigorismus. Musik wird nur als „Anbetung im Geist", als unkörperliche Tugendhaltung zugelassen. Man berief sich dabei auf einige Bibelstellen, z. B. Joh 4,23–24: „Aber die Stunde kommt, und sie ist schon da, zu der die wahren Beter den Vater anbeten werden im Geist und in der Wahrheit; denn so will der Vater angebetet werden. Gott ist Geist, und alle, die ihn anbeten, müssen im Geist und in der Wahrheit anbeten." Paulus wurde als direkte Autorität für unkörperliches Musizieren bemüht: „Singt Gott in eurem Herzen Psalmen, Hymnen und Lieder, wie sie der Geist eingibt, denn ihr seid in Gottes Gnade" (Kol 3,16). Dass in den paulinischen Gemeinden nicht nur stumm gejubelt wurde, gilt heute als sicher und ergibt sich zudem aus einer ähnlich lautenden Stelle: „Lasst in eurer Mitte Psalmen, Hymnen und Lieder erklingen, wie der Geist sie eingibt. Singt und jubelt aus vollem Herzen zum Lob des Herrn" (Eph 5,19).

Das Missverständnis der Kirchenväter beruhte auf einer dualistischen Gegenüberstellung von Geist (bzw. Seele) und Leib, die der Bibel fremd ist. Bezeichnend ist folgendes Wort des Klemens von Alexandrien (140–216): „Denn ein Friedensinstrument ist in Wahrheit der Mensch; die anderen Instrumente aber wird man, wenn man sich mit ihnen beschäftigt, als kriegerisch erproben, da sie entweder die Begierden entflammen oder die Liebesleidenschaften entfachen oder den Zorn auflodern lassen. So verwenden bei ihren Kriegen die Tyrrhener die Trompete, die Pfeife die Arkader, die Sikeler Harfen und die Kreter die Leier und die Lakedaimonier die Flöte und das Horn die Thraker und die Ägypter die Pauke und die Araber die Zimbel. Wir aber verwenden ein einziges Instrument, allein das friedenbringende Wort, mit dem wir Gott preisen, nicht mehr wie ehedem die Harfe und die Posaune und die Pauke und die Flöte, die jene im Kriege geübten und die Furcht Gottes verachtenden Männer bei ihren Festversammlungen zu verwenden pflegten, auf daß ihr gesunkener Mut durch solcherlei Rhythmen wieder gehoben werde."

Aus diesen Worten spricht eine doppelte Abgrenzung: Zum einen lehnt man das antike Instrumentarium als „pompa diaboli", als Blendwerk des Teufels, ab. Zum andern erklärt man die in den alttestamentlichen Schriften reich bezeugte Musizierpraxis des jüdischen Volkes für überholt. Man ist von den „Schatten" des Alten Testaments zur Erfüllung in Christus übergegangen. Dem Alten Testament wird kein Eigenwert mehr zugemessen. Das Wort Gottes, das in Jesus Christus Fleisch angenommen hat, genügt als einziges „Instrument" im christlichen Gottesdienst – eine nach heutigem Verständnis der Schrift nicht mehr haltbare Sichtweise.

37 Mit Pauken und Tanz – Instrumentalmusik II

Bei ihrer Ablehnung der Musik im Gottesdienst standen die Kirchenväter vor einer Schwierigkeit: Die Kirche hat die hebräische Bibel, das Alte Testament als Wort Gottes anerkannt, wo sehr unmissverständlich zum Gotteslob mit reichem Instrumentarium aufgefordert wird. So lautet der 150. Psalm, das „große Halleluja":

Halleluja! Lobet Gott in seinem Heiligtum, / lobt ihn in seiner mächtigen Feste! Lobt ihn für seine großen Taten, / lobt ihn in seiner gewaltigen Größe! Lobt ihn mit dem Schall der Hörner, / lobt ihn mit Harfe und Zither! Lobt ihn mit Pauken und Tanz, / lobt ihn mit Flöten und Saitenspiel! Lobt ihn mit hellen Zimbeln, / lobt ihn mit klingenden Zimbeln! Alles was atmet, / lobe den Herrn! Halleluja!

Die Kirchenväter wollten derartige Äußerungen nicht mehr als wörtliche Aufforderung zum Singen und Spielen verstehen, sondern griffen wie Clemens von Alexandrien zur übertragenen, allegorischen Schriftauslegung: „‚Lobet ihn mit dem Schall der Posaune!' Denn mit dem Schall der Posaune wird er auch die Toten auferwecken. ‚Lobet ihn mit der Harfe!' Denn die Zunge ist die Harfe des Herrn. ‚Und lobet ihn mit der Zither!' Unter der Zither soll man den Mund verstehen, der von dem Lufthauch zum Tönen gebracht wird wie die Zither durch das Stäbchen. ‚Mit Pauke und Reigentanz lobet ihn!' Damit meint er die Kirche, die an die Auferstehung des Fleisches denkt, wenn die (über die Pauke gespannte) Haut ertönt. ‚Mit Saitenspiel und Orgelklang lobet ihn!' Orgel nennt er unseren Körper und Saiten seine Sehnen, durch die er eine harmonische Spannung erhielt, so daß er, wenn er von dem Lufthauch getroffen wird, die menschlichen Laute ertönen läßt. ‚Lobet ihn mit Zimbeln von hellem Klang!' Zimbel nennt er die Zunge des Mundes, die mittönt. wenn die Lippen zum Klingen gebracht werden."

Eine solch vollständig vergeistigte Auffassung von der Musik konnte sich freilich nicht für alle Zeiten durchsetzen. Wirkliche „musica humana", d. h., den ganzen Menschen betreffende Harmonie, erfordert auch äußeren musikalischen Ausdruck. So haben die Christen wohl zu allen Zeiten gesungen, auch im Gottesdienst. Doch galt die Melodie weithin nur als ein „Vehikel" des Wortes und blieb diesem stets untergeordnet, soll (z. B. bei Augustinus) die Wirksamkeit der Worte unterstützen und hat kaum Eigenwert. Reine Instrumentalmusik hatte da natürlich keine Chance und blieb daher auch in den Kirchen des Westens während des ersten Jahrtausends, und in denen des Ostens von wenigen Ausnahmen abgesehen bis heute, aus dem Kirchenraum ausgeschlossen. Wie aber kam es zu der gewandelten Einschätzung der Instrumentalmusik im Westen? Das Mittelalter kannte nicht die

radikale Trennung von Vokal- und Instrumentalmusik, es fasste beide Gattungen unter dem Begriff „musica instrumentalis" zusammen. Tatsächlich sind – was die Wirkung anbetrifft – die Übergänge fließend. Das Instrument dient der „Verlängerung" der menschlichen Stimme. Aber auch die menschliche Stimme ist ein „Instrument", das nicht nur für worthafte Mitteilung geschaffen ist. Irgendwann hat man begonnen, den einfachen Sprechgesang durch Melismen, mehr oder weniger reiche Verzierungen auf einer Silbe, auszuweiten. Wahrscheinlich war diese Praxis bereits im vorchristlichen Judentum geläufig. In erster Linie ist hier das Halleluja zu nennen, das schon während des ersten Jahrhunderts im christlichen Gottesdienst Verwendung gefunden hat (vgl. Offb 19,1–7). Das Halleluja ist – unabhängig von seiner inhaltlichen Bedeutung „lobt Gott" – eine Lautmalerei, die zur melismatischen Ausgestaltung einlädt. Die späteren gregorianischen Halleluja-Melodien geben davon ein beredtes Zeugnis. Hier wird die menschliche Stimme zum Instrument, das die Sphäre des Worthaften verlässt und in den Bereich des Unaussprechlichen aufsteigt.

38 Der „unaussprechliche Gott" – Instrumentalmusik III

Vor allem die Theologie der Ostkirche hat erkannt, dass das Wort, selbst das geoffenbarte Wort Gottes, an Grenzen der Mitteilungsfähigkeit stößt. So hat sich neben der gewohnten theologischen Redeweise, die inhaltliche Aussagen über Gott macht, die sogenannte negative oder apophatische (verneinende) Theologie entwickelt. Darin wird nicht etwas Negatives über Gott gesagt, sondern, dass man über Gott eigentlich nicht reden kann. Reich entfaltet ist diese Sprachform im ersten Teil ostkirchlicher Eucharistiegebete, in denen vom Wesen Gottes die Rede ist, über das man im Grunde nichts Konkretes aussagen kann. So lautet der Beginn des Hochgebetes der koptischen Kirche für die Festtage, der Anaphora des hl. Gregor von Nazianz: „In Wahrheit ist es würdig und recht, dich zu preisen ... den Unaussprechlichen, den Unsichtbaren, den Unbegrenzten, den Ursprungslosen, den Ewigen, den Zeitlosen, den Unermesslichen, den Unveränderlichen, den Unergründlichen." Erst danach ist positiv von Gott als dem Schöpfer und Erlöser die Rede, also in seiner Selbstoffenbarung, der Zuwendung zu Welt und Mensch. Gottes innerstes Wesen indessen bleibt dem Menschen unzugänglich.

Zwar kann keine Religion, erst recht nicht die jüdische und die christliche Offenbarungsreligion, auf das Wort und auf die dazu gehörige Intellektualität des Menschen verzichten. Aber es gibt einen Bereich, der sich letztlich dem Wort entzieht. Von Jesus selbst ist ein Ausspruch überliefert, der genau in diese Richtung weist, der „Dank an den Vater": „Ich preise dich, Vater, Herr des Himmels und der Erde, weil du all das den Weisen und Klugen verborgen, den Unmündigen aber offenbart hast" (Mt 11,25; Lk 10,21). Über Gott kann man keine klugen Worte machen. Sein Wesen entzieht sich menschlichen Begriffen. Wie die Seraphim in der Tempelvision des Jesaja, die unentwegt vor Gott „heilig" rufen (Jes 6,3), so steht auch die christliche Gemeinde im Herzen der Eucharistiefeier, wenn sie das Sanctus singt, vor der unaussprechlichen Größe Gottes. Diese offenbart im erniedrigten, menschgewordenen Gottessohn aber ihre Nähe zum Menschen. Die Unmündigen, nicht die Wortgewaltigen, haben das erkannt. Nach Matthäus rufen nicht die Erwachsenen, sondern die unmündigen Kinder im Tempel von Jerusalem Jesus das „Hosanna" zu und bezeugen seine göttliche Sendung. Jesus erwidert den Schriftgelehrten, die ihm deswegen Vorhaltungen machen: „Habt ihr nie gelesen: Aus dem Mund der Kinder und Säuglinge schaffst du dir Lob?" (Mt 21,16 in Bezug auf Ps 8,3).

Instrumentalmusik im Gottesdienst ist ein Ausdruck der Glaubensüberzeugung, dass das Wort allein zum angemessenen Gotteslob nicht ausreicht. Sie verhilft dem Menschen zu Äußerungen, wo die Worte versagen. Erst wenn alle Fähigkeiten des Menschen, die geistigen und die leiblichen, in Zusammenklang gebracht sind, kommt der Mensch in Gänze seiner Bestimmung zur Verherrlichung Gottes nach.

39 Gotteslob der ganzen Schöpfung – Instrumentalmusik IV

Die Entwicklung der letzten Jahrzehnte hat allgemein zu einem geschärften Krisenbewusstsein geführt. Ökologie- und Friedensbewegung haben deutlich gemacht, dass die Menschheit nur dann überleben kann, wenn sie sich als Bestandteil des kosmischen Gefüges versteht, welches die Bibel Schöpfung nennt. Für sie ist die Schöpfung in ihrer ursprünglichen Schönheit und Harmonie ein Spiegel der Größe und Güte des Schöpfers. Der Mensch hat den Schöpfungsplan durch die Sünde durchkreuzt, seine schöpferische Kraft gegen den Schöpfer gerichtet. Natur und Kultur stehen seitdem in einem Spannungsverhältnis. Die Folge ist das Ende des Paradieses: „Im Schweiße deines Angesichts sollst du dein Brot essen, bis du zurückkehrst zum Ackerboden; von ihm bist du ja genommen. Denn Staub bist du, zum Staub musst du zurück" (Gen 3,19).

Die griechische Antike kennt in vergleichbarem Zusammenhang den Prometheus-Mythos: Prometheus hat das Feuer – Symbol menschlicher Kultur – vom Himmel gestohlen. Deshalb wird er von den Göttern bestraft. Nach christlicher Überzeugung ist das Spannungsverhältnis von Natur und Kultur durch Jesus Christus grundsätzlich gelöst: „Durch den Ungehorsam der Sünde haben wir deinen Bund gebrochen, durch den Gehorsam deines Sohnes hast du ihn erneuert" (Messbuch, Sonntagspräfation VII). Alles ist von Christus erlöst, denn alles ist durch Ihn geworden und hat in Ihm Bestand (vgl. Kol 3,16–17). Hier hat der mittelalterliche Begriff der „musica humana" seine Berechtigung: Wie das Weltall, der Makrokosmos, mit seiner „Sphärenmusik" Spiegel und Abbild der Größe und Schönheit des Schöpfers ist, so ist dies auch der Mensch als „Mikrokosmos". Der singende und spielende Mensch ist, so verstanden, Ausdruck jener ganzheitlichen Harmonie, wie sie vom Schöpfer gewollt und vom Erlöser wiederhergestellt ist. Nur in seiner Leib-Seele-Einheit ist der Mensch Bild des unsichtbaren Gottes. Der Gottesdienst sollte dies erfahrbar machen. Daher wurden in jüngerer Zeit ganzheitliche Ausdrucksformen des Menschen für den Gottesdienst wiederentdeckt, z. B. der Tanz. Die Instrumentalmusik ist ebenfalls eine Weise ganzheitlichen Ausdrucks. Zum einen erfordert sie den Volleinsatz der Musikerinnen und Musiker. Zum andern wirkt Musik auf die Zuhörenden unmittelbarer und „körpernäher" als das Wort, das erst durch den Intellekt „gefiltert" werden muss. Dabei ist es zunächst gleichgültig, welche Instrumente erklingen: die Pfeifenorgel, klassische Orchesterinstrumente oder modernes Instrumentarium. Entscheidend ist, dass ihr Einsatz die Gemeinde auferbaut, d. h. sie als hörende Jüngerschaft Jesu zum Gotteslob in Liturgie und Leben einstimmt und ermutigt. Dass die Pfeifenorgel hier eine besondere Stellung hat, ist nicht nur historisch und praktisch zu begründen. Gerade dieses Instrument kann als kunstvolles Gebilde das symbolhaft zum Ausdruck bringen, was christliche Gemeinde durch das Werk des Heiligen Geistes werden soll: die aus vielen Einzelstimmen zusammengefügte Harmonie, die auf Erden zwar andauernde Aufgabe bleibt, die den Gläubigen im „Himmlischen Jerusalem" aber als sichere Gabe verheißen ist.

40 Klangleib

Das Fest Mariä Aufnahme in den Himmel (15. August) wird oft missverstanden. Viele meinen, Maria sei vom Tod verschont worden. Ursprünglich feierte die Kirche jedoch den Heimgang Marias. Auf alten Darstellungen sieht man die Verstorbene umgeben von den trauernden Aposteln. Darüber hält ihr Sohn seine Mutter auf den Armen wie sie einst ihr Kind. Christus trägt die Seele Marias in den Himmel empor. Daraus entwickelte sich mit der Zeit der Glaube an die leibliche Aufnahme in den Himmel. Im Kirchenlied lautet das so: „Ihr Sohn, der Tod und Grab besiegt, er läßt im Tod die Mutter nicht" (GL 522).

Eine der berühmten neueren Darstellungen befindet sich in den Vatikanischen Museen. Raffael malte 1503 das zweigeteilte Bild. Unten stehen die Apostel um den leeren Sarkophag, aus dem Lilien wachsen, und schauen verwundert zum Himmel hinauf – unverkennbar eine Anspielung auf den Bericht von der Himmelfahrt Jesu. Oben krönt Christus seine mit ihm thronende Mutter, umgeben von musizierenden und tanzenden Engeln. Der Hallelujavers vom Fest nimmt darauf Bezug: „Aufgenommen in den Himmel ist die Jungfrau Maria. Die Engel freuen sich und preisen den Herrn."

Anscheinend ist Maria dadurch in eine unendliche Ferne gerückt, nicht mehr eine von uns. Extreme Formen der Marienfrömmigkeit ordnen sie denn auch ganz der göttlichen Sphäre zu infolge eines einseitigen Verständnisses der Menschwerdung des Sohnes Gottes. Das Dogma „wahrer Gott und wahrer Mensch" beinhaltet den Glauben an die volle Menschheit Jesu. Mit seiner Himmelfahrt ist die Trennung von Himmel und Erde überwunden, der Zugang der Leiblichen zu Gott wieder frei. Maria ist die erste, die in der Nachfolge ihres Sohnes in leib-seelischer Ganzheit vor Gott stehen darf, und dies als eine von uns! Bei all ihren königlichen Attributen bleibt sie doch die niedrige Magd, die alle Geschlechter selig preisen, weil sich Gott ihrer erbarmt und sie dies gläubig angenommen hat.

Raffael malt demnach kein körperloses Bild. Der Gottmensch und die erste, von ihm heimgeholte Verstorbene „verleiblichen" den Himmel. Damit bekommt der Glaube an das Jenseits eine sinnliche Dimension, die musizierenden und tanzenden Engel sind keine puren Geistwesen mehr, sondern erhalten einen „Klangleib." Dem entspricht der Gedanke vom Gotteslob im Himmel und auf Erden „mit einer Stimme": Auf Erden wird Gottes Wort verkündet, im Himmel singen und spielen die Engel nach der irdischen Partitur. Seit dem frühen Mittelalter bilden die musizierenden Engel oft ein Kompendium zeitgenössischer Instrumente ab. Heute könnten es statt Laute die E-Gitarre und statt Regal (Kleinorgel) das Keyboard sein. Damit wird geschichtslosen und entpersonalisierten Jenseitsvorstellungen eine Absage erteilt.

So gesehen kann man dem Fest vom 15. August einiges abgewinnen. Maria bildet das erste Glied einer langen Kette. Im Anschluss an die Kir-

chenkonstitution des Zweiten Vatikanums (LG 68) formuliert das heutige Tagesgebet: „Gib, dass wir auf dieses Zeichen der Hoffnung und des Trostes schauen und auf dem Weg bleiben, der hinführt zu deiner Herrlichkeit."

41 Räume der Stille

In der Ferienzeit besuchen viele Menschen eher einmal eine Kirche als im Alltag, auch dann, wenn sie keine besondere touristische Attraktion vorzuweisen hat. Kirchenräume werden zunehmend wahrgenommen als „andere" Orte, an denen man eine Zeit lang aus der zweckrational und ökonomisch dominierten Arbeitswelt ausbrechen und zu sich selbst finden kann. Die wachsende Zahl an Autobahnkirchen und -kapellen legt davon ein beredtes Zeugnis ab. Wenn heute an unterschiedlichsten Orten „Räume der Stille" eingerichtet werden, so ist das wohl mehr als ein momentaner Trend. Dahinter verbirgt sich bei vielen Menschen die Suche nach Spiritualität, wobei sich diese nicht mehr vorwiegend oder gar ausschließlich im Rahmen der christlichen Traditionen artikuliert.

Eine Nachricht von 2011 „Großflughafen mit Kapelle" ließ aufhorchen: Im neuen Berliner Großflughafen soll es nicht nur wie anderswo einen Gebetsraum, sondern gleich zwei baugleiche Räume geben, eine Kapelle sowie einen Raum der Stille. Nach Auskunft des Architekten Meinhard von Gerkan sei man zu dieser Lösung gekommen, um einerseits das gleichrangige Nebeneinander der Religionen darzustellen und andererseits den Respekt vor den christlichen Riten und Liturgien in einer vom Christentum geprägten Kultur zum Ausdruck zu bringen. Vermutlich hat man lange um diese Lösung gerungen. Man fragt sich aber, ob denn eine christliche Kapelle kein Raum der Stille ist. Tatsächlich begegnet einem in christlichen Sakralräumen oft statt Stille eine Dauerberieselung mit Gregorianik, geistlicher Musik oder Sacropop. Können Christen Stille nicht aushalten? Ist diese eher ein Merkmal östlicher Religionen, hat der Westen das Schweigen und die Stille verlernt, möglicherweise erst infolge des Zweiten Vatikanischen Konzils, wie die Kritiker der Reform behaupten? Vor einigen Jahren stieß der Film „Die große Stille" über die Grande Chartreuse auf große Aufmerksamkeit. Die Qualität des so konsequent anderen Lebensentwurfs der Kartäuser, die im Film großartig inszeniert wurde, hat viele in den Bann gezogen, meist aber ohne besondere Nachhaltigkeit. Dennoch kommt die Sehnsucht nach dem Anderen immer wieder zum Vorschein. Die Räume der Stille als Wegmarken in unserer Alltagswelt können einen wichtigen Beitrag leisten, um suchenden Menschen eine Orientierung zu geben. Alle Religionen haben hier eine große gemeinsame Schnittmenge. Von daher hätte man sich vielleicht für Berlin eine Lösung gewünscht, die beide Anliegen in einem einzigen differenzierten Raumkonzept miteinander verbunden hätte. Durch die Doppelung wird nicht zuletzt eine Abgrenzung der Christen gegenüber den anderen Religionen, einschließlich des Judentums, signalisiert. Eine Gegenstrategie bietet sich für die Christen freilich schon heute an: Sie können ihre Kirchenräume als Räume der Stille allen zugänglich machen im Sinne einer diakonischen Offerte, ohne dabei ihr eigenes Profil einebnen müssen.

42 Hören und Sehen

„Im Anfang war das Wort", so beginnt das Johannesevangelium, das ansonsten gegenüber den ersten drei Evangelien größtes Gewicht auf das Schauen legt. Wenig später wird vom Fleisch gewordenen Wort Gottes gesagt: „Wir haben seine Herrlichkeit gesehen" (Joh 1,14). Am leeren Grab heißt es vom Lieblingsjünger: „Er sah und glaubte" (Joh 20,8). Am ursprünglichen Ende des Evangeliums, bei der Begegnung des Apostels Thomas mit dem Auferstandenen, sagt Jesus allerdings: „Selig, die nicht sehen und doch glauben" (Joh 20,29). Auch beim vierten Evangelisten kommt der Glaube also primär vom Hören. Hören und Sehen kann man jedoch nicht gegeneinander ausspielen, da sie aufeinander bezogen sind. Doch gibt es Kulturen, die mehr auditiv, vom Hören geprägt sind und andere, bei denen das Sehen eine größere Rolle spielt. Die semitische Kultur des Judentums ist stärker auditiv bestimmt, die hellenistische der Griechen und Römer stärker visuell. Beide vermischten sich zurzeit Jesu und entwickelten sich zu dem, was man abendländische Kultur nennt. Auch hier blieb bis in die Neuzeit hinein der Schwerpunkt auf dem Auditiven. Nicht das Bild, sondern das Wort war vorherrschend, und zwar nicht als geschriebener, visuell wahrgenommener Text, sondern als Verlautung, als Redeklang. Das gilt für das Wort in Liturgie und Verkündigung wie für die private Schriftmeditation, die in der monastischen Tradition keineswegs lautlos vonstattenging, sondern unter halblautem Murmeln. Eine besondere, hinsichtlich der Sinngebung unübertroffene Klanggestalt hat das Schriftwort im Gregorianischen Choral gefunden, der in seiner feinen Nuancierung die Tiefendimensionen des Bibeltextes zum Klingen bringt.

Im Zuge der Neuzeit gewann das Visuelle immer mehr die Oberhand. Das Auge hat, so scheint es, mit den modernen elektronischen Medien seinen endgültigen Siegeszug über das Ohr angetreten. Doch gibt es schon wieder eine Gegenbewegung. In seinem Buch „Nada Brahma. Die Welt ist Klang" (1983) spricht der im Jahr 2000 verstorbene Jazz-Spezialist Joachim E. Behrendt von dem heute notwendigen neuen Bewusstsein. Das sei zwar schon oft beschrieben worden. „Aber noch nirgendwo ist gesagt, was auch zu seiner Kennzeichnung gehört: daß es ein Bewußtsein hörender Menschen sein wird, will sagen: nicht mehr das Auge wird – wie allgemein heute – Vorrang vor dem Ohr, sondern umgekehrt das Ohr Vorrang vor dem Auge haben. Das Hörbare, der Klang, wird wichtiger sein als das Sichtbare." Während das Auge wie mit einem Adlerblick seziert, ist das Ohr Organ ganzheitlicher Wahrnehmung, sein Symbol ist die Muschel. Wer nicht mehr hört, kann nicht mehr in die Tiefe dringen, sondern bleibt an der Oberfläche. Das ist das Schicksal des modernen Menschen, nach Berendt eine Folge der Säkularisierung. Wenn man sich nicht damit abfinden will, gilt es, eine Gegenstrategie zu entwickeln. Für den Autor liegt diese im neuen Hören, in dem Wahrnehmen von unvorstellbaren Klängen, von der Welt als Klang oder dem Urklang des Seienden: Nada Brahma. Ob man den Weg über die fernöstliche Spiritualität mitgehen soll, sei dahingestellt. Die Bibel spricht seit jeher vom neuen Hören und Sehen: „Nein, wir verkündigen, wie es in der Schrift heißt, was kein Auge gesehen und kein Ohr gehört hat, was keinem Menschen in den Sinn gekommen ist: das Große, das Gott denen bereitet hat, die ihn lieben" (1 Kor 2,9).

43 Meeresrauschen

Kein anderer Klang in der Natur ist so eingängig wie das beständige Rauschen des Wassers in Bächen und Flüssen und vor allem in der Brandung des Meeres. In seiner Ambivalenz, zugleich beleben und zerstören zu können, erscheint das Wasser als Prinzip des Lebendigen schlechthin. Am Anfang – war der Klang. Im ersten Schöpfungsbericht der Bibel herrscht vor dem ersten Schöpfungswort die Finsternis, aber die Urflut ist schon da (vgl. Gen 1,2). Man meint, das Rauschen und Brausen des Wassers zu hören. Vorstellungen von einer solchen Urflut finden sich in vielen Kulturen, sie basieren auf gleichen existentiellen Erfahrungen mit dem Element Wasser.

In seinem Buch „Nada Brahma. Die Welt ist Klang" (s. voriges Kapitel) gibt Joachim E. Behrendt eine etymologische Erklärung des Wortes „Nada": Nada ist Sanskrit und heißt Klang. ... Verwandt ... ist nadi: „der Strom, der Fluß", aber auch „rauschend, tönend, klingend." Der Fluß rauscht, der Klang rauscht: auf diesem Wege ist aus „Fluß" „Klang" geworden. ... Nadi wird auch im Sinn von „Strom des Bewußtseins" gebraucht... Die Beziehung von Klang und Bewußtsein ... ist also schon in der Sprache angelegt. Und der „Klang-Strom" ist eine menschliche Urvorstellung, seit es Sprache gibt – was allemal bedeutet: noch viel länger. In einem einzigen Satz sagt es Martin Buber: „Wir horchen in uns hinein – und wissen nicht, welchen Meeres Rauschen wir hören."

Die Bibel entmythologisiert das Wasser und seine Macht wie die aller Naturkräfte. Sie sind keine Gottheiten, denen der Mensch auf Gedeih und Verderb ausgeliefert ist. Aber als Schöpfung Gottes legt das Wasser in seinen unterschiedlichen Wahrnehmungsweisen, nicht zuletzt in seinen akustischen, Zeugnis von seinem Schöpfer ab. In Ps 93,3–4 heißt es: „Fluten erheben sich, Herr, / Fluten erheben ihr Brausen, / Fluten erheben ihr Tosen. Gewaltiger als das Tosen vieler Wasser, / gewaltiger als die Brandung des Meeres / ist der Herr in der Höhe." Im Buch Exodus kommt das Zerstörerische des Wassers zur Sprache, bei der Vernichtung des pharaonischen Heeres: „Da schnaubtest du Sturm. Das Meer deckte sie zu. / Sie sanken wie Blei ins tosende Wasser" (Ex 15,10). Gott entgegnet dem mit ihm rechtenden leidgeprüften Hiob: „Wer verschloss das Meer mit Toren, / als schäumend es dem Mutterschoß entquoll ...?" (Ijob 38,8). Auch bei den Propheten verweist der Klang des Wassers auf den Schöpfer: „Ich bin doch der Herr, dein Gott, / der das Meer aufwühlt, sodass die Wogen tosen. / Herr der Heere ist sein Name" (Jes 51,15). Die wunderbare Ordnung der Fluten gemahnt an den Gott zukommenden Respekt: „Fürchtet ihr mich denn nicht – Spruch des Herrn –, / zittert ihr nicht vor meinem Angesicht? Ich bin es, der dem Meer die Düne als Grenze gesetzt hat, / als ewige Schranke, die es nicht überschreiten darf. Mag es auch toben, es richtet nichts aus; / mögen seine Wogen auch tosen, / sie können die Schranke nicht überschreiten" (Jer 5,22).

Die Beständigkeit des Gezeitenwechsels wird zum Symbol von Gottes Macht: „So spricht der Herr, / der die Sonne bestimmt zum Licht am Tag, der den Mond und die Sterne bestellt / zum Licht in der Nacht, der das Meer aufwühlt, / dass die Wogen brausen, / – Herr der Heere ist sein Name (Jer 31,35). Schließlich stimmt das Wasser ein in den himmlisch-irdischen Chor der Gott Lobenden: „Der Himmel freue sich, die Erde frohlocke, / es brause das Meer und alles, was es erfüllt" (Ps 96,11).

44 Sphärenmusik

„Stumm wie ein Fisch" lautet eine Redensart. Heute wissen wir, dass sie keineswegs zutrifft. Es gibt nicht nur den Gesang der Wale, sondern auch „richtige" Fische können auf unterschiedliche Weise Klänge erzeugen und sich damit verständigen. Das menschliche Ohr kann nur einen Bruchteil des Klangspektrums wahrnehmen. Heute ist man in der Lage, mit technischen Mitteln Klänge in unhörbaren Frequenzen hörbar zu machen. In der Antike wusste man von Ordnungsprinzipien, die der gesamten Welt, dem Kosmos, zu Grunde liegen und die etwas mit Klang zu tun haben, das „Lied in allen Dingen". Jahrtausende lang suchte man die Harmonie der Welt zu entschlüsseln, im Makrokosmos der Planetenbahnen bis zu den kleinsten Bauteilchen des Mikrokosmos. Man glaubte, dass die Struktur der Sphärenmusik der unserer „irdischen" Musik und der gesamten Weltordnung entspricht. Goethe dichtete im Prolog zum „Faust": „Die Sonne tönt nach alter Weise / in Brudersphären Wettgesang, / und ihre vorgeschriebene Reise / vollendet sie mit Donnergang. / Ihr Anblick gibt den Engeln Stärke, / wenn keiner sie ergründen mag; / die unbegreiflich hohen Werke / sind herrlich wie am ersten Tag." Der biblische Glaube führt die kosmische Harmonie, die Sphärenmusik, auf den Willen des Schöpfers zurück. Vor allem in den Psalmen erweist sich die Schöpfung keineswegs als stumm: „Die Himmel rühmen die Herrlichkeit Gottes, vom Werk seiner Hände kündet das Firmament" (Ps 19,2). Die Schöpfung, auch die unbelebte, ist gleichsam aus der Sprachlosigkeit erlöst aufgrund der Beziehung zum Schöpfer. „Danken sollen dir, Herr, all deine Werke / und deine Frommen dich preisen" (Ps 145,10). Im Lobgesang der drei jungen Männer im Buch Daniel ist dann auch die ganze Schöpfung, Himmel und Erde und alles, was darin existiert, Subjekt des Gotteslobes und damit Teil der kosmischen Harmonie (Dan 3,51–90). Diese besteht nicht nur aus Klang, sondern auch aus Metrum und Rhythmus. In der Musik kommt demnach die Bedeutung des Menschen, an der Vollendung der Schöpfung mitzuwirken, auf besondere Weise zur Entfaltung. Der homo ludens, der singende und musizierende Mensch ist in höchstem Maße schöpfungsgemäß und zugleich schöpfergemäß. Joseph Ratzinger / Papst Benedikt XVI. hat wiederholt auf die Bedeutung der kosmischen Dimension der Liturgie hingewiesen. Diese ist in den biblischen Texten und vielen Symbolen und Ritualen immer vorhanden gewesen, wurde aber lange Zeit zu Gunsten einer anthropologisch-soteriologischen Akzentuierung in den Hintergrund gedrängt: Das Heil des Einzelnen oder das Wohl der kirchlichen Gemeinschaft beherrschte das Denken so sehr, dass der größere kosmische Zusammenhang der Geschichte Gottes mit dem Menschen aus dem Blick geriet. Den Klang in allen Dingen wiederzuentdecken und darin einen Widerhall des Schöpferwortes wahrzunehmen, ist eine große Aufgabe, damit nicht am Ende die Kirche selbst stumm wird wie ein Fisch und das Gotteslob der Schöpfung ungehört verhallt.

45 Herbsttöne

Welke Blätter

Plötzlich hallt mein Schritt nicht mehr,
sondern rauscht leise, leise
wie die tränenvolle Weise,
die ich sing', vor Sehnsucht schwer.
Unter meinen müden Beinen,
die ich hebe wie im Traum,
liegen tot und voll von Weinen
Blätter von dem großen Baum.

Selma Meerbaum-Eisinger (1924–1942)

In der Musik stehen die italienischen Begriffe Crescendo und Decrescendo für das An- und Abschwellen des Klangs. Laut und leise bilden durch die stufenlosen Übergänge keine schroffen Gegensätze, sondern fügen sich zu einem dynamischen Ganzen. Auch das Jahr ist mit seinem Verlauf durch fließende Übergänge gekennzeichnet. Sommer und Winter als die beiden extremen Jahreszeiten folgen in unseren Breiten nicht abrupt aufeinander, sondern werden durch das Crescendo des Frühlings und das Decrescendo des Herbstes in der Regel organisch miteinander verbunden. Der Sommer verabschiedet sich nicht mit einem Mal, sondern bietet immer wieder seine Kräfte auf, als wolle er der zunehmenden Dunkelheit und Kälte trotzen. Und doch geht es unweigerlich bergab, Licht und Wärme ziehen sich zurück. So nimmt es nicht Wunder, dass der Herbst als die melancholische Jahreszeit gilt, in vielen Gedichten als Vorbote des Todes beschrieben. Die 15-jährige jüdische Dichterin Selma Meerbaum-Eisinger schrieb am 24.9.1939, also kurz nach Kriegsbeginn, das Gedicht „Welke Blätter": „Plötzlich hallt mein Schritt nicht mehr, / sondern rauschet leise, leise, / wie die tränenvolle Weise, / die ich sing', von Sehnsucht schwer. / Unter meinen müden Beinen, / die ich hebe wie im Traum, / liegen tot und voll von Weinen / Blätter von dem großen Baum." Am 16. Dezember starb die 18-Jährige in einem ukrainischen Arbeitslager der Nazis an Typhus. Eine Entfaltung ihres großen dichterischen Talents war ihr nicht vergönnt.

„Er muss wachsen, ich aber muss kleiner werden" sagt Johannes der Täufer in Bezug auf Jesus (Joh 3,30). Johannes ist eine herbstliche Gestalt, sein Ende ist tragisch. Dabei hatte alles so hoffnungsvoll begonnen: „Große Freude wird dich erfüllen und auch viele andere werden sich über seine Geburt freuen" sagt der Engel bei der Verkündigung des Johannes an seinen Vater Zacharias (Lk 1,14). Johannes versteht sich selbst aber nicht als Freudenbringer, sondern nur als Vorläufer und Wegbereiter. Die Kirche hat dies unter Bezug auf das Lukasevangelium in der Chronologie der Feste zum Ausdruck gebracht: Das Geburtsfest Jesu, Weihnachten, wird um die Wintersonnenwende am 25. Dezember gefeiert, das Fest seiner Empfängnis am 25. März zur Zeit der Tag-und-Nacht-Gleiche im Frühjahr. Die Geburt Johannes' des Täufers hat ihren Feierort am 24. Juni, um die Sommersonnenwende. Merkwürdigerweise hat sich das in der Alten Kirche und im Osten bis heute verbreitete Fest der Empfängnis des Täufers am 24. September, also um die Tag-und-Nacht-Gleiche im Herbst, in der römischen Tradition seit dem 15. Jahrhundert verflüchtigt, wohl weil man eine Parallele zum Fest der unbefleckten Empfängnis Marias vermeiden wollte. Johannes gibt Jesus Raum, der nach ihm kommt als die wahre Sonne. Daher steht sein Festzyklus im Zeichen des Crescendo, der steigenden Sonne, während der des Johannes im Zeichen des Decrescendo, der sinkenden Sonne steht. Doch ist dies für ihn kein Unglück: Er freut sich über Jesus, wie der Freund sich über die Stimme des Bräutigams freut: „Diese Freude ist nun für mich Wirklichkeit geworden" (Joh 3,29). Er kann sich fallen lassen wie das sprechende Ich im Herbstgedicht „Die Blätter fallen" von Rainer Maria Rilke: „Und doch ist Einer, welcher dieses Fallen / unendlich sanft in seinen Händen hält."

46 Preiset Gott mit Schofarton!

Seit der Zerstörung des Jerusalemer Tempels sind die Musikinstrumente im jüdischen Gottesdienst, von denen Psalm 150 kündet, verstummt. Wie bereits erwähnt, galt auch in der christlichen Liturgie ursprünglich (in den meisten östlichen Traditionen bis heute) die menschliche Stimme als das einzige angemessene Instrument zum Lobe Gottes. Im jüdischen Synagogengottesdienst gibt es aber eine große Ausnahme: das Blasen des Widderhorns (Schofar) an Rosch-ha-Schana, dem Neujahrsfest, das in den September fällt. Im Buch Levitikus heißt es: „Der Herr sprach zu Mose: Sag zu den Israeliten: Im siebten Monat, am ersten Tag des Monats, ist für euch Ruhetag, in Erinnerung gerufen durch Lärmblasen, eine heilige Versammlung" (Lev 23,23 f; vgl. Num 91,1). Merkwürdigerweise beginnt das jüdische Jahr also nicht mit dem ersten Monat, da der Frühjahrsmonat mit dem Pesachfest (15. Nisan) in Erinnerung an den Auszug aus Ägypten als der erste gilt. Auch in unserem Kalender ist der September ja nicht, wie sein Name eigentlich nahelegt, der siebte, sondern der neunte Monat. Im

Morgengottesdienst der Synagoge wird nach der Thoralesung zum ersten Mal das Schofar geblasen. Im Mußafgebet, dem Zusatzgebet an Sabbat- und Festtagen, heißt es in Erinnerung an den Bundesschluss am Sinai: „Und du hast sie die Pracht deiner Stimme hören lassen, und die Worte deiner Heiligkeit aus feurigen Flammen. Mit Stimmen und Blitzen hast du dich ihnen offenbart, und mit der Stimme des Schofar erstrahltest du ihnen."

Das Blasen des Schofar ist Teil der vielstimmigen Antwort im Tempel auf Gottes Bundeszusage gemäß Ps 150: „Halleluja, preiset Gott in seinem Heiligtum, preiset ihn in dem Himmel seiner Macht ... Preiset ihn mit Schofarton, preist ihn mit Zither und Harfe ... Alles, was Odem hat, preise den Herrn, Halleluja!" Aber nicht nur dieses zentrale Ereignis der Geschichte Israels verbindet sich mit dem Klang des Schofars. In der Liturgie erinnert es an die Posaunen (eigentlich: Trompeten) von Jericho, an das Opfer Isaaks, die Verkündigung des Jobel- oder Erlassjahres an die Sklaven und an vieles mehr. Schließlich verweist es auf das Weltgericht in der messianischen Zeit: „Es ist wahr, dass du Richter und Ermahner bist, Wissender und Zeuge, du schreibst und siegelst, zählst und misst, erinnerst dich an alles Vergessene und öffnest das Buch der Erinnerungen. Und aus ihm wird vorgelesen, die Hand jedes Menschen hat dort unterschrieben, und das große Schofar wird geblasen, die Stimme der vollkommenen Stille wird gehört. Engel erschauern, Zittern und Beben erfasst sie, und sie rufen: Da ist der Tag des Gerichts ..."

Am Ende steht die Bitte: „Unser Gott und Gott unserer Vorfahren, blase in das große Schofar zu unserer Befreiung, und bringe uns dir nahe, dir in Wahrheit zu dienen, und unsere Erinnerung steige auf zu dir zum Guten, an diesem Tag des Erinnerns. Denn du hörst den Schofarklang und merkst auf das Blasen, und niemand gleicht dir. Gelobt seist du, Ewiger unser Gott, der den Klang des Blasens seines Volks Jisrael in Erbarmen hört."

Das jüdische Neujahrsfest leitet eine Zeit der Besinnung und Buße ein, die zehn Tage danach mit dem großen Versöhnungstag Jom Kippur endet, an dem noch einmal das Schofar erklingt.

47 Erntedank

Wir pflügen und wir streuen (Alle gute Gabe)

1) Wir pflügen, und wir streuen
   den Samen auf das Land,
   doch Wachstum und Gedeihen
   steht in des Himmels Hand:
   der tut mit leisem Wehen
   sich mild und heimlich auf
   und träuft, wenn heim wir gehen,
   Wuchs und Gedeihen drauf.

Refr.: Alle gute Gabe kommt her von Gott dem Herrn,
drum dankt ihm, dankt, drum dankt ihm, dankt und hofft auf ihn!

2) Er sendet Tau und Regen
   und Sonn- und Mondenschein,
   er wickelt seinen Segen
   gar zart und künstlich ein
   und bringt ihn dann behende
   in unser Feld und Brot:
   es geht durch unsre Hände,
   kommt aber her von Gott.

3) Was nah ist und was ferne,
   von Gott kommt alles her,
   der Strohhalm und die Sterne,
   der Sperling und das Meer.
   Von ihm sind Büsch und Blätter
   und Korn und Obst von ihm,
   das schöne Frühlingswetter
   und Schnee und Ungestüm.

4) Er läßt die Sonn aufgehen,
   er stellt des Mondes Lauf;
   er läßt die Winde wehen
   und tut den Himmel auf.
   Er schenkt uns so viel Freude,
   er macht uns frisch und rot;
   er gibt den Kühen Weide
   und unsern Kindern Brot.

„Wir pflügen und wir streuen den Samen auf das Land, / doch Wachstum und Gedeihen steht in des Himmels Hand." – Das Lied von Matthias Claudius, erstmals 1783 unter dem Titel „Ein Bauernlied" veröffentlicht, ist mit seiner markanten Melodie nicht das einzige, aber das bekannteste Erntedanklied im Kapitel „Natur und Jahreszeiten" im Evangelischen Gesangbuch (Nr. 508). In den beiden Ausgaben des katholischen Gebet- und Gesangbuchs „Gotteslob" sucht man diese Rubrik vergebens. Es ist wie die ganze traditionelle Liturgie und Spiritualität heilsgeschichtlich orientiert. Schöpfungsfrömmigkeit bildet hier eher die Ausnahme. Sie verbindet sich mit Einzelpersönlichkeiten wie Franz von Assisi oder Friedrich Spee. Erst Papst Franziskus veröffentlichte im Frühjahr 2015 eine Umwelt-Enzyklika „Laudato Si'" und verfügte am 10. August desselben Jahres, jährlich nach dem Vorbild der Orthodoxen Kirche und zusammen mit ihr am 1. September, dem Beginn des orthodoxen Kirchenjahres, einen Weltgebetstag zur Bewahrung der Schöpfung zu halten.

Allerdings gab es im Lauf des Kirchenjahres schon seit jeher zahlreiche Anknüpfungspunkte für einen Schöpfungsbezug: die Bitttage vor Christi Himmelfahrt mit ihren Flurprozessionen, die Kräutersegnung am Fest Mariä Himmelfahrt (15. August), die Quatembertage zu Beginn der vier Jahreszeiten sowie Segnungen der Erstlingsfrüchte. Im tridentinischen Messbuch finden sich naturbezogene Messorationen „Um Regen", „Um heiteres Wetter" oder „Um Abwendung von Ungewittern." Erst im Messbuch Papst Pauls VI. steht ein Formular „Zum Erntedank." Als Zeitansatz für diesen nicht vorgeschriebenen Anlass gilt konfessionsübergreifend in der Regel der erste Sonntag im Oktober.

Während das Motiv des Erntedanks in der katholischen Kirche also erst in jüngerer Zeit an Profil gewinnt, hat es in der evangelischen durchaus Tradition, insbesondere seit der Zeit des Pietismus. Der Liedtext von Matthias Claudius ist dafür ein wichtiger Beleg. Es spricht in der ersten Strophe von der Mühe der Menschen um das tägliche Brot beim Pflügen und Säen: „doch Wachstum und Gedeihen / steht in des Himmels Hand. / der tut mit leisem Wehen / sich mild und heimlich auf / und träuft, wenn heim wir gehen, / Wuchs und Gedeihen auf." Im Kehrvers werden unter Bezug auf Jak 1,17 die biblische Begründung und die angemessene menschliche Antwort gegeben: „Alle gute Gabe kommt her von Gott dem Herrn, / drum dankt ihm, dankt, / drum dankt ihm, dankt / und hofft auf ihn!" Das lässt an das Psalmwort denken „Wenn nicht der Herr das Haus baut, müht sich jeder umsonst, der daran baut ... Es ist umsonst, dass ihr früh aufsteht und euch spät erst niedersetzt, um das Brot der Mühsal zu essen; denn der Herr gibt es den Seinen im Schlaf" (Ps 127,1–2).

Die Glaubensgewissheit, zu den Seinen Gottes zu gehören, spricht auch aus dem Lied von Matthias Claudius: „Was nah ist und was ferne/ von Gott kommt alles her, / der Strohhalm und die Sterne, / der Sperling und das Meer. / Von ihm sind Büsch und Blätter / und Korn und Obst von ihm, / das schöne Frühlingswetter / und Schnee und Ungestüm." Aus der dritten Strophe spricht eine scheinbar naive Naturromantik: „Er lässt die Sonn aufgehen, / er stellt des Mondes Lauf; / er lässt die Winde wehen / und tut den Himmel auf. / Er schenkt uns so viel Freude, / er macht uns frisch und rot; / er gibt den Kühen Weide / und unsern Kindern Brot." Claudius richtete sich in seiner Zeit gegen den militanten Rationalismus mancher Aufklärer. Auch heute kann das Erntedankfest und das mit ihm verbundene Liedgut gegen die verbreitete Ideologie des Machens eine Kultur des Dankens setzen: „Wir pflügen und wir streuen den Samen auf das Land, / doch Wachstum und Gedeihen steht in des Himmels Hand"!

48 Verordnete Stille?

Schon zu Beginn der Liturgiereform, der unter anderem die alte „Stillmesse" zum Opfer fiel, wurde der Verlust der Stille beklagt. Tatsächlich erleben viele den sonntäglichen Gottesdienst als einen ununterbrochenen Klangteppich. Die „Grundordnung des Römischen Messbuchs" von 2002 trifft dagegen folgende Anordnung: „Auch das heilige Schweigen ist als Teil der Feier zu gegebener Zeit zu halten. Sein Charakter hängt davon ab, an welcher Stelle der Feier es vorkommt. Beim Bußakt und nach einer Gebetseinladung besinnen sich alle für sich; nach einer Lesung aber oder nach der Homilie bedenken sie kurz das Gehörte; nach der Kommunion loben sie Gott und beten zu ihm in ihrem Herzen" (Nr. 45).

Stille oder besser: heiliges Schweigen ist Bestandteil jeder Liturgie, deren Mitte das Geheimnis des Glaubens bildet, das menschlichem Zugriff letztlich entzogen bleibt. Daher hatte sich schon früh in fast allen Liturgiefamilien des Ostens und Westens die Kanonstille verbreitet, die seit dem Mittelalter nur bei der Zeigung der heiligen Gestalten nach den Einsetzungsworten durch Glockenzeichen unterbrochen wurde. Die Liturgiekonstitution des Zweiten Vatikanischen Konzils spricht ebenfalls von der Stille und zwar erstaunlicherweise im Zusammenhang mit der „tätigen Teilnahme" der Gläubigen am Gottesdienst: „Auch das heilige Schweigen soll zu seiner Zeit eingehalten werden" (SC 30). Darauf bezieht sich die zitierte Aussage in der jetzigen Messordnung. Aktive Teilnahme geschieht auch im Schweigen. Dies gilt insbesondere für das Eucharistische Hochgebet, das aus diesem Grund vom Priester jedoch nicht still zu rezitieren, sondern mit vernehmlicher Stimme vorzutragen ist: „Sinn dieses Gebetes aber ist es, dass die ganze Versammlung der Gläubigen sich mit Christus im Lobpreis der großen Taten Gottes und in der Darbringung des Opfers verbindet. Das Eucharistische Hochgebet verlangt, dass alle es ehrfürchtig und schweigend anhören." (Nr. 78)

Stille im Gottesdienst ist also keine Unterbrechung, keine Pause, sondern einer seiner Wesensbestandteile, intensives geistliches Tun. Dabei geht es nicht nur um ausgewiesene Momente der Stille, sondern um den Vollzug als Ganzen. So sieht es auch die Grundordnung in Bezug auf den Wortgottesdienst: „Die Liturgie des Wortes ist so zu feiern, dass sie die Betrachtung fördert. Deshalb muss jede Art von Eile, die der Sammlung hinderlich ist, gänzlich vermieden werden. Der Sammlung dienen auch kurze Momente der Stille, die der jeweiligen Versammlung angemessen sind, in denen durch das Gnadenwirken des Heiligen Geistes das Wort Gottes im Herzen aufgenommen und die Antwort darauf durch Gebet vorbereitet werden soll. Solche Momente der Stille können passenderweise etwa vor Beginn der Liturgie des Wortes, nach der ersten und der zweiten Lesung, schließlich auch nach der Homilie gehalten werden" (Nr. 56).

Bei seinem Deutschlandbesuch im September 2011 hat Papst Benedikt XVI. seinem alten Anliegen nach mehr Stille Geltung verschafft. Die Momente im Anschluss an Predigt und Kommunion im Berliner Olympiastadion oder auf den Plätzen in Erfurt und Freiburg wurden selbst im Fernsehen eindrucksvoll als heiliges Schweigen empfunden. Allerdings hatte man es für nötig gehalten, jedes Mal einen Text verlesen zu lassen, in dem die Stille angeordnet wurde, und das, obwohl längst Ruhe eingekehrt war. Hier waren die Gläubigen also schon weiter als die Gestalter. Vor allem „stille Musik" kann in heiliges Schweigen einführen und ihm einen angemessenen Abschluss geben. Worte sind da fehl am Platz.

49 Gleichklang

„Variatio delectat" lautet ein auf Cicero zurückgehendes lateinisches Sprichwort, meist übersetzt mit „Abwechslung macht Freude." Das passt scheinbar besonders gut in unsere Spaßgesellschaft, die von einem Event zum anderen hetzt. Die ständige Wiederholung des Gleichen wird als monoton empfunden und abgelehnt. Die christliche Liturgie als rituelles Handeln gerät da schnell ins Hintertreffen. Denn sie lebt aus der Wiederholung: die Wiederkehr der Feste im Jahreskreis und der gleichen Gottesdienstformen im Rhythmus von Woche und Tag; das Ordinarium, also die gleichbleibenden Teile der liturgischen Feiern; die Aneinanderreihung von Psalmversen im Stundengebet; die endlos erscheinenden Anrufungen der Litaneien. Auch die sogenannte Volksfrömmigkeit kennt den Gleichklang ähnlicher Elemente, so beim Rosenkranz mit den vielen Ave Maria und den zahlreichen Gesätzen oder beim Kreuzweg mit seinen vierzehn Stationen.

Was im kirchlichen Leben für viele indiskutabel geworden ist, da es ihrem Lebensgefühl anscheinend widerspricht, kommt nicht selten durch die Hintertür wieder herein. Vor allem die Musik aller Gattungen besteht wesentlich aus Wiederholung, dies gilt für Rock und Pop ebenso wie für die Klassik. Wenn etwas erst einmal „Kult" geworden ist, kann man es nicht oft genug hören. Insbesondere die Medien, allen voran die Werbung, arbeiten gern mit stets gleichen Elementen, um Wiedererkennung und Identifikation zu erzeugen. In der Öffentlichkeit werden wir ständig mit Hintergrundmusik in Endlosschleifen beschallt, ob wir wollen oder nicht. Nicht zuletzt erinnern die litaneiartigen Schlachtrufe der Fans in den Sportarenen an die Gesänge der Religionen.

Gleichklang und Abwechslung müssen jedoch keinen Widerspruch bilden. Zum Wesen des Rituals gehört beides, Wiederholung und Unterbrechung. Im Wechsel von Gleichbleibendem und Veränderlichem entsteht die Erfahrung von Kontinuität im Wandel, durch die lebendige Überlieferung erst möglich wird. Monotonie stellt sich nur dann ein, wenn die Liturgie geist- und körperlos heruntergeleiert wird. Beim rechten liturgischen Vollzug geht es nämlich noch um einen anderen Gleichklang. Einer der Schlüsseltexte der Liturgiekonstitution spricht in Anspielung an die Benediktsregel von der notwendigen inneren und äußeren Harmonie bei der Feier der Liturgie: „Damit aber dieses Vollmaß der Verwirklichung erreicht wird, ist es notwendig, dass die Gläubigen mit recht bereiteter Seele zur heiligen Liturgie hinzutreten, dass ihr Herz mit der Stimme zusammenklinge und dass sie mit der himmlischen Gnade zusammenwirken, um sie nicht vergeblich zu empfangen" (SC 11). Später wird das Wort vom Zusammenklang noch einmal auf die Spiritualität des Stundengebets bezogen: „Bei alledem bleibt das Stundengebet als öffentliches Gebet der Kirche auch Quelle der Frömmigkeit und Nahrung für das persönliche Beten. Deshalb werden die Priester und alle anderen, die am Stundengebet teilnehmen, eindringlich im Herrn gemahnt, dass dabei das Herz mit der Stimme zusammenklinge" (SC 90). Wiederholung sowie innerer und äußerer Gleichklang sind also nichts Geist- und Seelenloses, sondern kennzeichnen die Sprache des Herzens, die Sprache der Liebe. Variation meint etwas anderes als bloße Abwechslung, insofern sie die Identität im Wesentlichen voraussetzt. Wie bei musikalischen Variationen durchzieht der ewige Gleichklang die christliche Spiritualität und Liturgie in all ihren Spielarten: das stets gleiche und doch immer wieder neue Lied (odè kainé, canticum novum: Offb 5,9) der in Christus Erlösten.

50 Das letzte Tausendschön

Herbst

Ich pflücke mir am Weg das letzte Tausendschön ...
Es kam ein Engel mir mein Totenkleid zu nähen –
Denn ich muß andere Welten weiter tragen.

Das ewige Leben *dem,* der viel von Liebe weiß zu sagen.
Ein Mensch der *Liebe* kann nur auferstehen!
Haß schachtelt ein! Wie hoch die Fackel auch mag schlagen.

Ich will dir viel viel Liebe sagen -
Wenn auch schon kühle Winde wehen,
In Wirbeln sich um Bäume drehen,
Um Herzen, die in ihren Wiegen lagen.

Mir ist auf Erden weh geschehen ...
Der Mond gibt Antwort dir auf deine Fragen.
Er sah verhängt mich auch an Tagen,
Die zaghaft ich beging auf Zehen.

Else Lasker-Schüler (1869–1945)

Wenn sich die Blätter bunt färben und von den Bäumen fallen, die Tage kürzer und die Nächte kälter werden, kommen die Gedanken von Vergänglichkeit und Tod ganz von selbst. Kaum ein Dichter, eine Dichterin, die nicht den Herbst als Schwelle des Lebens besungen haben. Else Lasker-Schüler (1869–1945) schuf ein Herbstgedicht in Form eines gleichsam auf den Kopf gestellten Sonetts, das nicht mit den beiden Vierzeilern, sondern den Dreizeilern beginnt: „Ich pflücke mir am Weg das letzte Tausendschön ... / Es kam ein Engel mir mein Totenkleid zu nähen – / Denn ich muß andere Welten weiter tragen. // Das ewige Leben dem, der viel von Liebe weiß zu sagen. / Ein Mensch der Liebe kann nur auferstehen! / Haß schachtelt ein! Wie hoch die Fackel auch mag schlagen."

Das sprechende Ich – vielleicht die von einem tragischen Lebensschicksal gezeichnete jüdische Dichterin selbst – sehnt sich nach Liebe in kalten Zeiten, wenn es anschließend heißt: „Ich will dir viel viel Liebe sagen – / Wenn auch schon kühle Winde wehen." Darauf reimt sich in der letzten Strophe: „Mir ist auf Erden weh geschehen ... / Der Mond gibt Antwort dir auf deine Fragen." Das letzte Tausendschön zu Beginn des Gedichtes ist gleichsam das letzte Aufflackern der Hoffnung auf Liebe und damit auf Leben und zugleich untrügliches Zeichen der Vergeblichkeit dieser Hoffnung. Die kühlen Winde künden gnadenlos den nahen Winter an. Wer keine Liebe kennt, für den gibt es auch keine Zukunft in dieser und in einer kommenden Welt: „Haß schachtelt ein!"

Das Tagesgebet vom 30. Sonntag im Jahreskreis bittet darum, dass Gott Glaube, Hoffnung und Liebe in uns mehren wolle. Dann heißt es: „Gib uns die Gnade, zu lieben, was du gebietest, damit wir erlangen, was du verheißen hast." Kann man Gebote lieben? Was heutigem Denken unverständlich erscheint, ist dem biblischen Denken vertraut. Gottes Gebote lieben heißt, Gott selbst zu lieben, denn das wichtigste seiner Gebote ist die Liebe, und Gott selbst ist die Liebe. Entscheidend aber ist, dass Gottes- und Menschenliebe nicht voneinander zu trennen sind. Das sogenannte Doppelgebot ist indessen nicht erst eine neutestamentliche Aussage, sondern immer schon eine notwendige Konsequenz der Gotteserfahrung Israels (vgl. Ex 22,20–26, erste Lesung, Lesejahr A). In der Version des Evangelisten Markus wird der Zusammenhang von Gott und Welt noch deutlicher, wenn Jesus das ganze jüdische Glaubensbekenntnis, das „Schema Israel" (Dt 6,4 f), zitiert: „Höre, Israel! Der Herr, unser Gott, ist der einzige Herr. Darum sollst du den Herrn, deinen Gott, lieben ..." (Mk 12,29 f) Mit anderen Worten: Nur weil Gott uns immer schon zuerst geliebt hat als der Schöpfer und Erhalter des Alls, können wir ihn und einander lieben. Vor dem Antworten kommt das Hören. Der Kommunionvers fügt noch eine christologische Begründung hinzu: „Christus hat uns geliebt und sich für uns hingegeben als Gabe und Opfer, das Gott wohlgefällt" (Eph 5,2). Voraussetzung zum Lieben ist nach dem biblischen Liebesgebot die recht verstandene Selbstliebe, die Annahme seiner selbst. Das wiederum bedeutet, die eigenen Schwächen und Grenzen anzuerkennen, darauf vertrauend, dass Gott uns immer schon zuerst geliebt hat (vgl. 1 Joh 4,19) und uns so zur Grenzüberschreitung befähigt. „Ein Mensch der Liebe kann nur auferstehen!" sagt Else Lasker-Schüler. Vielleicht kann der Herbst mit seinen gedämpften Tönen und der Ahnung der Begrenztheit des Lebens ein Anstoß sein, falsche Selbstliebe zu überwinden. Denn die kann allzu leicht in Selbsthass umschlagen. Stattdessen könnte die Maxime lauten: „Gib uns die Gnade, zu lieben, was du gebietest, damit wir erlangen, was du verheißen hast."

51 Eine Wolke Klangstaub

Das Fest Allerheiligen hat eine seiner Wurzeln im Hebräerbrief, wo nach der Aufzählung der Väter und Mütter des Glaubens die Rede ist von einer „Wolke von Zeugen" (Hebr 12,1), die uns umgibt. Als Bezeugende stehen sie nicht für sich, sondern für Jesus, „den Urheber und Vollender unseres Glaubens." In der Offenbarung des Johannes ist ebenfalls von einer großen Schar der Gerechten die Rede: „Es waren hundertvierundvierzigtausend aus allen Stämmen der Söhne Israels, die das Siegel trugen" (Offb 7,4), sowie eine unzählbare Schar aus allen Nationen und Stämmen, Völkern und Sprachen, angetan mit weißen Gewändern. Diese „Wolke von Zeugen" ist nicht lautlos, vielmehr rufen alle mit lauter Stimme: „Die Rettung kommt von unserem Gott, der auf dem Thron sitzt, und von dem Lamm" (Offb 7,10). Danach akklamieren die anderen Himmelsbewohner: „Und alle Engel standen rings um den Thron, um die Ältesten und die vier Lebewesen. Sie warfen sich vor dem Thron nieder, beteten Gott an und sprachen: Amen, Lob und Herrlichkeit, / Weisheit und Dank, / Ehre und Macht und Stärke / unserem Gott in alle Ewigkeit. Amen" (Offb 7,11–12).

Die christliche Vorstellung von der Gemeinschaft der Heiligen ist geprägt durch die Bilderwelt der Offenbarung des Johannes, die wie eine gewaltige Liturgie konzipiert ist. Vor der Vision von der unzählbaren Schar der Geretteten wird die Huldigung vor dem Thron Gottes geschildert, darin das Trishagion, der Heilig-Ruf (Offb 4,8). Darauf folgt die Inthronisation des Lammes (Offb 5). Dabei handelt es sich keineswegs nur um Visionen, sondern auch um Auditionen, akustische Wahrnehmungen von Rufen und Gesängen unterschiedlicher Chöre. Es kann nicht verwundern, dass die Bild- und Klangwelt der Apokalypse Künstler unterschiedlichster Gattungen immer wieder inspiriert hat. 1998 wurde ein Klangritual „Licht Klang Staub" für Gongs, Percussion, Piano und Stimme von Elias Betz und Heinz-Albert Heindrichs uraufgeführt. Ihm liegen neun Gedichte des Lyrikers und Komponisten Heindrichs zugrunde. Eines davon trägt den Titel „Sanctus": „Ich werde sein / eine Silbe / Staub // aber es ist kein Mund // ich werde sein / eine Salve / Licht // eine Wolke Klangstaub / Lichtstaub // Licht Klang Staub // aber es ist kein Auge / es ist kein Ohr // hosianna".

Mit dem Sanctus, dem Dreimalheilig der Messfeier, verbindet sich der Gedanke der Gemeinschaft der Heiligen auf besondere Weise. Die Eigenpräfation von Allerheiligen bezieht sich auf das apokalyptische „Klangritual". Nach dem Auftakt, der von der Angemessenheit des Gotteslobes der ganzen Schöpfung spricht, heißt es: „Denn heute schauen wir deine heilige Stadt, unsere Heimat, das himmlische Jerusalem. Dort loben dich auf ewig die verherrlichten Glieder der Kirche, unsere Brüder und Schwestern, die schon zur Vollendung gelangt sind. Dorthin pilgern auch wir im Glauben, ermutigt durch ihre Fürsprache und ihr Beispiel, und gehen freudig dem Ziel der Ver-

heißung entgegen. Darum preisen wir dich in der Gemeinschaft deiner Heiligen und singen mit den Chören der Engel das Lob deiner Herrlichkeit." Keine Stimme, kein Auge, kein Ohr? So lange die Kirche nicht aufhört, das Lob der Herrlichkeit Gottes mit der ganzen Schöpfung zu singen, dürfen wir hoffen, dass die Wolke von Zeugen nicht blind, taub und stumm ist.

52 Laut wird die Posaune klingen

Dies Irae

Tag des Zornes, Tag der Zähren / Wird die Welt in Asche kehren, / Wie Sibyll' und David lehren,

Welch ein Graus wird sein und Zagen, / Wenn der Richter kommt, mit Fragen / Streng zu prüfen alle Klagen!

Laut wird die Posaune klingen, / Mächtig in die Gräber dringen, Hin zum Throne alle zwingen,

Schaudernd sehen Tod und Leben / Sich die Kreatur erheben, / Rechenschaft dem Herrn zu geben,

Und ein Buch wird aufgeschlagen, / Treu ist darin eingetragen / Jede Schuld aus Erdentagen.

Sitzt der Richter dann zu richten, / Wird sich das Verborg'ne sichten: / Nichts kann vor der Strafe flüchten.

Weh! Was werd ich Armer sagen, / Welchen Anwalt mir erfragen. / Wenn Gerechte selbst verzagen!

König schrecklicher Gewalten, / Frei ist deiner Güte Schalten, / Gnadenquell', laß Gnade walten!

Denk, o Jesus, der Beschwerden, / Die du trugst für mich auf Erden, / Laß mich nicht zuschanden werden.

Hast gesucht mich unverdrossen, / Hast am Kreuz dein Blut vergossen: / Sei es nicht umsonst geflossen!

Strenger Richter aller Sünden, / Laß mich hier Verzeihung finden, / Eh' der Hoffnung Tage schwinden.

Seufzend steh' ich schuldbefangen, / Schamrot glühen meine Wangen, / Laß mein Bitten Gnad' erlangen.

Hast der Sünderin verziehen / Und dem Schächer Gnad' verliehen, / Sieh auch mich vertrauend knien.

Zwar nicht würdig ist mein Flehen, / Doch aus Gnaden laß geschehen, / Daß ich mög' der Höll' entgehen.

Bei den Schafen gib mir Weide, / Von der Böcke Schar mich scheide, / Stell mich auf die rechte Seite.

Wenn verdammt zur Hölle fahren, / Die im Leben böse waren. / Ruf mich mit den sel' gen Scharen.

Mit zerknirschtem Herzen wende / Flehend ich zu dir die Hände: / Steh mir bei an meinem Ende.

Tag der Tränen, Tag der Wehen, / Da vom Grabe wird erstehen. / Zum Gericht der Mensch voll Sünden,

Laß ihn, Gott, Erbarmen finden! / Milder Jesus, Heiland du, / Schenke ihnen ewige Ruh'! Amen.

Mit dem Allerseelentag und der klassischen katholischen Totenliturgie, dem Requiem, verbindet man vor allem die mittelalterliche Sequenz „Dies irae". Dies hängt weniger mit der Kenntnis ihres Inhalts zusammen als mit der Tatsache, dass die markante absteigende Melodielinie der ersten Zeile in der gesamten Musikgeschichte bis zur Gegenwart immer wieder zitiert wird. Das gilt für klassische symphonische Werke ebenso wie für unzählige Filmmusiken und Rockeinspielungen. Dabei steht das Motiv in der Regel für Schreckensszenarien, ausweglose Situationen und Horrorvisionen von Graf Dracula bis hin zum Satanismus. Diese Assoziation rührt von den Anfangsworten „Tag des Zornes" her, die die Vorstellung eines göttlichen Strafgerichts wachrufen, dem niemand entrinnen kann. Es sind verbreitete apokalyptische Szenarien, die auch in der prophetischen Tradition Israels aufgeboten werden, dort aber in einem heilsgeschichtlichen Zusammenhang stehen. So heißt es beim Propheten Zephanja: „Ein Tag des Zorns ist jener Tag, / ein Tag der Not und Bedrängnis, ein Tag des Krachens und Berstens, / ein Tag des Dunkels und der Finsternis, / ein Tag der Wolken und der schwarzen Nacht, ein Tag des Widderhorns und des Kriegsgeschreis in den befestigten Städten / und auf den hohen Zinnen ... Vom Feuer seines leidenschaftlichen Eifers / wird die ganze Erde verzehrt. Denn er bereitet allen Bewohnern der Erde ein Ende, / ein schreckliches Ende" (Zeph 1,14–18).

Solche Texte haben die populäre, aber irrige Vorstellung vom Gott Israels als einem rächenden Gott geprägt. Das göttliche Strafgericht kann Israel und die Völker gleichermaßen treffen. Fester Bestandteil dieser apokalyptischen Szenarien ist das Blasen von Hörnern oder anderer Blasinstrumente wie bei Kriegshandlungen, so bei der Eroberung von Jericho: „Darauf erhob das Volk das Kriegsgeschrei und die Widderhörner wurden geblasen. Als das Volk den Hörnerschall hörte, brach es in lautes Kriegsgeschrei aus. Die Stadtmauer stürzte in sich zusammen, und das Volk stieg in die Stadt hinein, jeder an der nächstbesten Stelle. So eroberten sie die Stadt" (Jos 6,20). In der Offenbarung des Johannes künden die sieben Posaunen die apokalyptischen Schreckensereignisse an, bis es schließlich heißt: „Der siebte Engel blies seine Posaune. Da ertönten laute Stimmen im Himmel, die riefen: Nun gehört die Herrschaft über die Welt / unserem Herrn und seinem Gesalbten; / und sie werden herrschen in alle Ewigkeit" (Offb 11,15).

Die dritte Strophe der Sequenz „Dies irae" lautet in der Übersetzung des Schott von 1966: „Laut wird die Posaune klingen. / Mächtig in die Gräber dringen. / Hin zum Throne alle zwingen." Das Gericht bleibt dem mittelalterlichen Beter nicht erspart, jedoch wird meist übersehen, dass die Schreckensvision in der Sequenz nur die Negativfolie der eigentlichen Aussage ist: Der da auf dem Richterthron sitzt, ist selbst durch Leiden und Tod hindurchgegangen und hat zu Lebzeiten den Sündern Gottes Erbarmen zugesprochen, wenn sie sich vertrauensvoll an ihn gewandt hatten. Daher: „Mit zerknirschtem Herzen wende / Flehend ich zu dir die Hände; / Steh mir bei an meinem Ende." Und der letzte Vers lautet: „Milder Jesus, Heiland du, / Schenke ihnen ewige Ruh'!" Blasen zum Krieg und Kampfgeschrei sind verklungen. Für immer.

53 Parforceklänge

Zu den eher sonderbaren Ausprägungen liturgischer Musik gehört sicherlich die Hubertusmesse. Seitdem sie in den 50er Jahren aus Frankreich und Belgien nach Deutschland importiert wurde, erfreut sie sich zunehmender Beliebtheit nicht nur in katholischen, sondern auch in evangelischen Gemeinden. Nicht selten wird sie als ökumenischer Gottesdienst begangen. Zuweilen findet vor oder während ihrer Feier eine „Gegendemonstration" von Umweltschützern statt. Liturgiegeschichtlicher Kern ist die Votivmesse zum hl. Hubertus († 727), dem Schutzpatron der Jäger. Die Hubertuslegende von der Erscheinung eines Hirschs mit einem leuchtenden Kreuz im Geweih – ursprünglich zum hl. Eustachius gehörig – hat den Hubertuskult seit dem 11. Jahrhundert beflügelt. Die Hubertusmesse wurde nicht nur am 3. November, seinem Gedenktag, gefeiert, sondern auch zu Beginn oder am Ende von großen Jagden, die stets mit großen Gefahren für Leib und Leben der Jäger verbunden waren. Der Kölner Erzbischof Kurfürst Clemens August (1700–1761) errichtete in seinen ausgedehnten Jagdgebieten zahlreiche Hubertuskapellen. Er verband seine exzessive Jagdleidenschaft mit einer kindlichen Frömmigkeit. Zu dieser Zeit verbreiteten sich von Frankreich aus die Parforcehörner, die ein größeres Tonspektrum innerhalb der Naturtonreihe aufweisen. Damit konnten nicht nur einfache Signale ausgeführt werden, vielmehr eigneten sie sich zu kunstvoller Jagdmusik. Es blieb nicht aus, dass diese Instrumente auch im Rahmen der Messen und Andachten vor und nach der Jagd eingesetzt wurden.

Als musikalische Form ist die Hubertusmesse im 19. Jahrhundert in Frankreich entstanden. Freilich kann man sie nicht mit den vokalen Vertonungen des Messordinariums vergleichen, eher schon mit den reinen Orgelmessen. Hier tritt die Musik an die Stelle des Textes, was nach dem Verständnis der tridentinischen Liturgie durchaus möglich war: Als Liturgie galt nur das, was der Priester sprach, und der hatte auch die vom Chor zu vollziehenden Teile zu sprechen. Alles andere war bloßer Zierrat. Somit konnte der gesungene Text mitunter ganz wegfallen und durch Instrumentalmusik ersetzt werden. Es gab auch den Wechsel von Chor und Instrumentalmusik, die sogenannte Alternatim-Praxis. Bei der Hubertusmesse wird das musikalische Material teilweise noch weiter reduziert auf Signale, wie sie auch bei der Jagd verwendet werden.

Es ist evident, dass diese Art von Musik mit dem Liturgieverständnis der Liturgischen Bewegung und der erneuerten Liturgie nur schwer vereinbar ist. In jedem Fall wird man die einzelnen Stücke, die ja als Begleitmusik zur Stillmesse des Priesters gedacht waren, ergänzend und nicht als Ersatz für die liturgischen Gesänge von Schola, Chor und Gemeinde einsetzen. Stets sollte bei solchen Gottesdiensten der Gedanke der Bewahrung der Schöpfung im Vordergrund stehen, der ja in der Regel auch dem heutigen Selbstverständnis der Jäger mehr entspricht als die Freude am Töten. Vom hl. Hubertus berichtet die Legende jedenfalls, er habe nach seiner Begegnung mit dem kreuztragenden Hirschen das Jagen aufgegeben und sich nur noch dem Dienst an Gott und an den Nächsten gewidmet.

54 Cäcilia

Wer kennt sie nicht: die verzückt auf den Gesang der Engel lauschende junge Dame mit einer Geige im Arm, deren Saiten gerissen sind, oder einem Regal, d. h. einer Kleinorgel, aus der die Pfeifen herausfallen? Auf vielen Orgelemporen, aber auch auf vielen Altaraufsätzen findet sich ihr Bild. Das Fest der hl. Cäcilia wird seit alters her am 22. November begangen. Sie gehört zu den sechs im Römischen Kanon genannten weiblichen Heiligen und wird als Jungfrau und Märtyrin verehrt. Historisch ist kaum etwas über sie bekannt. Verschiedene Traditionen verbinden sich miteinander und konzentrieren sich auf die Kirche der hl. Cäcilia im römischen Stadtteil Trastevere. Seit dem Spätmittelalter avancierte die Heilige zur Patronin der Kirchenmusik und verwies König David mit seiner Harfe auf den zweiten Rang. Wie es heißt, sei der Grund für ihr Patronat der Kirchenmusik ein Übersetzungsfehler ihrer Legende gewesen, demzufolge sie trotz schwerer Verwundungen bei ihrem Martyrium noch bis zu ihrem Tod drei Tage später gesungen habe. Populär wurde sie vor allem durch die Cäcilienbewegung, die seit 1870 im Allgemeinen Cäcilienverband eine feste Struktur hat. Unzählige seit der Mitte des 19. Jahrhunderts gegründete Kirchenchöre wählten sie zur Patronin. Daher spielt der 22. November in vielen Gemeinden in kirchenmusikalischer Hinsicht eine bedeutende Rolle. Aber auch schon in früheren Zeiten gab die Heilige Anlass zu Kompositionen, so die „Cäcilienmessen" von berühmten Komponisten wie Joseph Haydn.

Die Texte der Liturgie des Cäcilientages kennen nur wenige Anspielungen an Musik und Gesang. Die erste Antiphon zur Laudes im tridentinischen Brevier nimmt auf eine legendarische Begebenheit Bezug: „Während des Leierspieles (lateinisch: Cantantibus organis) sang die Jungfrau Cäcilia dem Herrn und rief: Laßt mein Herz rein bleiben, dann werde ich nicht zuschanden." Die Magnificat-Antiphon zur Vesper lautet nach wie vor: „Die Jungfrau Cäcilia trug die Frohe Botschaft (lateinisch: Evangelium Christi) allzeit in ihrem Herzen. Bei Tag und Nacht ließ sie nicht ab von geistlichen Gesprächen und vom Gebet." Auch wenn wir nicht viel von dieser Heiligen wissen, so können wir doch manches von ihr lernen: „Wes' das Herz voll ist, des' geht der Mund über" sagt ein Sprichwort aus der Bibel (Mt 12,34; Lk 6,45): Wer die Frohe Botschaft im Herzen trägt, muss sie auch verkünden, oder, wie Martin Luther sagte: „So sie's nicht singen, glauben sie's nicht."

Daher bittet das Tagesgebet im deutschen Messbuch (abweichend vom lateinischen) zutreffend: „Großer Gott, du hast uns geschaffen, damit wir dich loben und preisen. Erhöre auf die Fürsprache der heiligen Cäcilia unser Gebet und lass uns mit Freude und Hingabe dein Lob verkünden." Wer ganz Evangelium wird, die Frohbotschaft verkörpert, kommt zur höchsten Entfaltung des Menschseins im Sinne des Schöpfers. Dann braucht es wie auf den Bildern der hl. Cäcilia auch keine Instrumente mehr, sondern der Mensch mit seinem Fühlen, Denken, Sprechen und Tun wird zur klingenden Saite, auf der Gott selbst spielt.

55 Wachet auf!

Wachet auff / rufft uns die Stimme
Der Wächter sehr hoch auff der Zinnen,
Wach auff du Statt Jerusalem.
Mitternacht heißt diese Stunde
Sie ruffen uns mit hellem Munde:
Wo seydt ihr klugen Jungfrauwen?
Wohlauff / der Bräutgam kompt /
Steht auff / die Lampen nimpt /
Halleluia!
Macht euch bereit / Zu der Hochzeit /
Ihr müsset ihm entgegengehn.

Zion hört die Wächter singen /
Das Herz thut ihr vor Frewden springen,
Sie wachet und steht eilend auff:
Ihr Freund kompt vom Himmel prächtig,
Von Gnaden starck, von Wahrheit mächtig:
Ihr Liecht wirdt hell, ihr Stern geht auff.
Nu komm du werthe Kron /
Herr Jesu, Gottes Sohn /
Hosianna.
Wir folgen all zum Frewden Saal
Und halten mit das Abendmal.

Gloria sey dir gesungen /
Mit Menschen und Englischen Zungen /
Mit Harpffen und mit Cymbaln schön:
Von zwölff Perlen sind die Pforten
An deiner Statt / wir sind Consorten
Der Engeln hoch umb deinen Thron /
Kein Aug hat je gespürt /
Kein Ohr hat mehr gehört /
Solche Freuwde.
Deß sind wir froh / jo / jo
Ewig in dulci iubilo

Philipp Nicolai 1599

Zu den bekanntesten und beliebtesten Adventsliedern im katholischen Gesangbuch „Gotteslob" gehört „Wachet auf, ruft uns die Stimme" (GL 554). Es stammt aus der Feder Philipp Nicolais, eines lutherischen Pfarrers in Unna, und wurde erstmals in seinem 1599 gedruckten Werk „FrewdenSpiegel deß ewigen Lebens" veröffentlicht. In den katholischen Liedschatz gelangte es erst spät durch das Altenberger Gesangbuch „Kirchenlied" von 1938. Anders als in der katholischen Tradition hat es in der evangelischen seinen Ort vornehmlich am Ende des Kirchenjahres, wenn es um das Gedächtnis der Toten geht, so im jetzigen Evangelischen Gesangbuch (EG 147).

Seine suggestive Kraft schöpft das Lied aus verschiedenen Quellen: aus der Kombination starker biblischer Bilder und der in enger Verbindung mit dem Text stehenden kunstvollen Melodie. Die biblischen Bezüge sind zahlreich und werden diffizil miteinander verwoben: der Weckruf des Gleichnisses von den fünf klugen und fünf törichten Jungfrauen (Mt 25,1–13), das Wort des Propheten Jesaja vom Kommen Gottes und seine Vermählung mit der Stadt Jerusalem (Jes 52,1.8; 62,5).

Die Melodie beginnt fanfarenmäßig mit einem aufsteigenden Dreiklang. Beim Wort „Wächter" wird die Oktave durch einen Quartsprung erreicht, doch es geht noch eine Terz weiter nach oben, eben „sehr hoch", nämlich „auf der Zinne". Noch einmal geht es auf diese Höhe, wenn wiederum der Ruf des Wächters ertönt, bei den Worten „Macht euch bereit" – hier in einer steigenden Tonleiter. Die Melodie erklimmt ihren Gipfel bei den Worten „zu der Hochzeit", um im Abgesang hin zum Anfangston noch einmal zu insistieren: „Ihr müsset ihm entgegen gehn."

Es ist kein Kampfgeschrei in diesem Lied. Die Wächter rufen nicht bloß, sondern sie singen (Strophe 2), und das lässt Zions Herz „von Freuden springen." Der Geliebte im Hohenlied erscheint – und es ist Jesus, der Sohn Gottes, dem wie einst vor den Toren Jerusalems das „Hosanna" zugerufen wird. Und dann folgt wieder ein Szenenwechsel: Der Hochzeitssaal des Bräutigams ist die Kirche beim Abendmahl. Aber es handelt sich nicht einfach um die sonntägliche Routine, sondern hier vereinen sich Erde und Himmel zum Gotteslob: „Gloria sei dir gesungen" (Strophe 3). Menschen- und Engelszungen, Harfen und Zimbeln werden aufgeboten, um der nie gekannten Freude Ausdruck zu verleihen: Schon jetzt sind wir „Consorten", Schicksalsgenossen der Engel vor dem Thron Gottes, wie es im ursprünglichen Text heißt statt dem „wir stehn im Chore der Engel" in der jetzigen Fassung. Der Originaltext nimmt am Ende anstelle des derzeitigen „Halleluja für und für" eine weihnachtliche Wendung: „Des sind wir froh/ jo/ jo// Ewig in dulci jubilo" (vgl. Kap. 5: Wo die Zimbeln klingen). Der Mainzer Liturgiewissenschaftler Ansgar Franz kommentiert dieses Phänomen: „Es gehört zu den unauslotbaren Möglichkeiten menschlicher Existenz, angesichts der Katastrophe nicht nur in die aufbegehrenden Klagen eines Hiob oder in die zermürbenden Jammerreden eines Jeremia zu verfallen, sondern auch freudig geistliche Brautlieder anstimmen zu können und wie Verliebte der Vernichtung zu spotten". Die Katastrophe und die Vernichtung Philipp Nicolais war die Pest, der Schwarze Tod, der mitten in den konfessionellen Wirren der Zeit zuschlug und eine grausame Spur hinter sich herzog. Nicolai baute eine Gegenwelt auf, eine Vision des ganz Anderen. Eine Utopie? Oder vielleicht doch der wahre Realismus? Wachet auf!

56 Atollite portas! – der Wachklopfer

In vielen byzantinischen Klöstern rufen nicht Glocken zum frühmorgendlichen Gottesdienst, sondern Klanghölzer. Sie heißen „Simandron", Wachklopfer. Über ihre praktische Funktion hinaus erinnern sie an die Tugend der Wachsamkeit, das monastische Ideal gemäß dem Gleichnis von den zehn Jungfrauen (Mt 25,1–13; vgl. Nr. 48). Es endet mit den Worten: „Seid also wachsam! Denn ihr wisst weder den Tag noch die Stunde." Christliche Existenz ist Leben in Erwartung. Daher beginnt das Kirchenjahr mit dem Advent. Der Name ist abgeleitet von adventus, Ankunft. Der Ruf „veni!", „komm!" durchzieht die ganze Zeit. In der lutherischen Perikopenordnung beginnt der Advent nicht mit dem Evangelium vom Endgericht, sondern gemäß älterer Tradition mit dem vom Einzug Jesu in Jerusalem (Mt 21,1–9). Zu Beginn wird Psalm 24 gesprochen, der klassische Adventpsalm 24, der den Einzug des Herrn in sein Heiligtum zum Inhalt hat. Er stammt aus der Jerusalemer Tempelliturgie beim Einzug der Bundeslade. In christologischer Deutung spielt er auch am Palmsonntag und an Christi Himmelfahrt eine Rolle. Immer handelt es sich um das Kommen des Herrn: bei der Inkarnation, der Passion, bei seiner himmlischen Inthronisation und schließlich bei seiner Wiederkunft. Der Advent mit seinen beiden Gesichtern – der Vorbereitung auf das Weihnachtsfest und der Erwartung des Herrn am Ende der Zeiten – bildet die Klammer der Vergegenwärtigung des durch die Ankunft Christi geschenkten Heils.

Nicht zufällig ist die Nummer 1 des Evangelischen Gesangbuchs das Lied „Macht hoch die Tür, die Tor macht weit" des ostpreußischen Lieddichters Georg Weissel (1590–1635). Es wurde in der vollständigen Form erstmals zur Einweihung der Altrossgärtner Kirche in Königsberg am 2. Advent 1623 gesungen, deren erster Pfarrer Weissel war. Der Beginn des Lieds fußt auf Ps 24,7 in der Übersetzung Martin Luthers: „Machet die Tore weit und die Türen in der Welt hoch, dass der König der Ehren einziehe!" Der Adventpsalm spielt bis heute auch zu Beginn der katholischen Kirchweihliturgie eine Rolle. In der älteren Form wird er, ähnlich wie in der Osterliturgie (Vgl. oben Kap. 27), dramatisiert: Der Bischof klopft mit seinem Bischofsstab von außen an die Kirchentür und spricht „mit vernehmlicher Stimme" den Psalmvers auf Latein: „Atollite portas ... – Hebt euch, ihr Tore ..." Mit den Worten des Psalms ruft der Diakon von drinnen: „Quis est iste rex gloriae – Wer ist der König der Herrlichkeit?", worauf der Bischof antwortet „Dominus fortis, et potens ... Der Herr, stark und gewaltig, der Herr, mächtig im Kampf." Daraufhin umrundet der Bischof segnend die Kirche, ebenso nach dem zweiten Dialog. Beim dritten Mal erschallt der dreifache Ruf „Aperite – Macht auf!" und der Bischof hält Einzug in die Kirche mit den Worten „Friede diesem Hause!" Damit klingt wiederum die Palmsonntagsgeschichte an, wo Jesus sein eigenes Tun als Erfüllung der Prophetie (Jes 62,11 und

Sach 9,9) deutet: „Sagt der Tochter Zion: Siehe, dein König kommt zu dir. Er ist friedfertig und er reitet auf einer Eselin und auf einem Fohlen, dem Jungen eines Lasttiers" (Mt 21,5). In der 4. Strophe nimmt das Lied eine Wendung. Nun geht es nicht mehr um die Ankunft in Stadt und Land, sondern: „eu'r Herz zum Tempel zubereit'!" Der König will Einzug halten in jedes wache Herz. Und so schlägt die 5. Strophe um in das „Veni", die innige Bitte des Advents: „Komm, o mein Heiland Jesu Christ, meins Herzens Tür dir offen ist." Hier kommt die sakramentale Begegnung mit dem Herrn in den Blick, die ganz persönliche Christusbegegnung, die zugleich ein Vorgeschmack auf das himmlische Hochzeitsmahl am Ende der Zeiten ist, zu dem der Herr in der Geheimen Offenbarung einlädt: „Ich stehe vor der Tür und klopfe an. Wer meine Stimme hört und die Tür öffnet, bei dem werde ich eintreten und wir werden Mahl halten, ich mit ihm und er mit mir" (Offb 3,20).

57 Lieder des Lobes

Der Sonntag „Gaudete" ist so etwas wie ein Vorklang der weihnachtlichen „Lieder des Lobes", von denen die zweite Adventspräfation spricht. Der Klang kommt nicht von außen, vom Weihnachtsmarkt mit seinen Endlosschleifen süßlicher Melodien, sondern von innen, aus der Liturgie selbst, oder noch besser: aus jedem einzelnen Menschen. Johannes der Täufer verkündet im Tagesevangelium (Joh 1,6–8.19–28, 3. Adventssonntag Lesejahr B): „Mitten unter euch steht der, den ihr nicht kennt" (Joh 1,26). Die Präfation sagt über Jesus: „Von ihm redet die Botschaft aller Propheten." Der Adventsprophet Jesaja kommt in der ersten Lesung zu Wort: „ Der Geist Gottes, des Herrn, ruht auf mir; denn der Herr hat mich gesalbt. Er hat mich gesandt, damit ich den Armen eine frohe Botschaft bringe ..." (Jes 61,1) Es ist derselbe Text, den Jesus zu Beginn seines öffentlichen Wirkens in seiner Heimatsynagoge vorträgt und auf sich bezieht: „Heute hat sich das Schriftwort, das ihr eben gehört habt, erfüllt" (Lk 4,21). Am Ende des Kapitels bei Jesaja steht ein Danklied, das das Vorherige wieder aufgreift: „Von Herzen will ich mich freuen über den Herrn. Meine Seele soll jubeln über meinen Gott. Denn er kleidet mich in Gewänder des Heils, er hüllt mich in den Mantel der Gerechtigkeit, wie ein Bräutigam sich festlich schmückt und wie eine Braut ihr Geschmeide anlegt. Denn wie die Erde die Saat wachsen lässt und der Garten die Pflanzen hervorbringt, so bringt Gott, der Herr, Gerechtigkeit hervor und Ruhm vor allen Völkern" (Jes 61,10–11). Weihnachtliche Freude und weihnachtlicher Jubel gründen in der Überzeugung der Christen, dass Gerechtigkeit keine Utopie ist, sondern in Jesus von Nazareth Wirklichkeit geworden ist. Gottes Erbarmen kennt keine Grenzen, nimmt aber auch in die Pflicht. Der Alttestamentler Ulrich Berges kommentiert den Jesaja-Text: „Wo diese Ethik gelebt wird, da lässt JHWH Gerechtigkeit wie in einem Garten sprießen und Lob vor allen Völkern."

Selten bildet in der Messe ein Text aus dem Evangelium, in der Regel „Stimme Christi", den Antwortgesang wie am Sonntag Gaudete mit Versen aus dem Magnificat: „Meine Seele preist die Größe des Herrn, und mein Geist jubelt über Gott, meinen Retter" (Lk 1,46). Maria wird hier zur Stimmführerin der ganzen Kirche, denn mit ihr ist exemplarisch schon geschehen, was alle erhoffen: dass Gott sie in ihrer Niedrigkeit anschaut und erhebt. Daher kann Maria und mit ihr die ganze Kirche Gott preisen – wörtlich: ihn groß machen. Der eigentlich Lobpreisende ist freilich Gott selbst, denn sein Leben, das er in uns einhaucht (für Seele steht im Hebräischen „naphasch", einatmen), macht ihn groß, und sein Wort, das ihm zugerufen wird (für Geist steht im Hebräischen „ruach", ausatmen), macht tanzen vor Freude (im Lateinischen: exultavit – vgl. das Exsultet der Osternacht!). Wer aus Gottes Freiheit „groß gemacht" worden ist, ist so gerufen, Gott „groß zu machen", wie der Religionsphilosoph Richard Schaeffler schreibt.

Die Lieder des Lobes werden daher nie mehr verstummen, so lange Menschen atmen. Die Singenden stehen freilich unter einem hohen Anspruch. Wer den Gott preist, der die Mächtigen vom Thron stürzt und die Niedrigen erhöht, muss sich selbst an diesem Maßstab messen lassen. Im Introitus des Sonntags Gaudete heißt es: „Freut euch im Herrn zu jeder Zeit! Noch einmal sage ich: Freut euch! Eure Güte werde allen Menschen bekannt. Der Herr ist nahe" (Phil 4,4–5).

58 Beschleunigung

Musik lässt sich beschreiben als zeitliche Ordnung von Klängen. Wer je ein Instrument gelernt hat weiß, wie schwer es mitunter ist, im Takt zu bleiben. Bei steigendem oder fallendem Pulsschlag ändert sich das Empfinden für das Gleichmaß. Unerbittlich gibt dagegen das Metronom den Grundschlag vor. Moderne Unterhaltungsmusik beruht oft auf einem mechanischen Beat, der weder Verlangsamung noch Beschleunigung zulässt. Demgegenüber kennt die Musik in den Kulturen der Völker Temposchwankungen, so die allmähliche Steigerung des Tempos. Dies kann, etwa bei Tänzen, bis zur Ekstase gehen. Ein solcher Tanz ist die italienische Tarantella. In der klassischen Musik heißt das Accelerando, Beschleunigung. Ihr Gegenteil ist das Ritardando, die Verzögerung.

Merkwürdigerweise kennt auch der Advent ein Accelerando, eine Beschleunigung. Er bleibt nicht bis zum Schluss eine Zeit besinnlicher Erwartung, sondern gegen Ende gewinnt das „Veni", der Ruf nach dem Kommen des Messias, zunehmend an Dringlichkeit. Mit dem aramäischen „Marána tha – Unser Herr, komm!" endet schon der erste Korintherbrief (1 Kor 16,22), und die Offenbarung des Johannes schließt mit den Worten: „Er, der dies bezeugt, spricht: Ja, ich komme bald. – Amen. Komm, Herr Jesus!" (Offb 22,20). Das Problem der Parusieverzögerung, des Ausbleibens der Wiederkunft Christi, war ein wesentlicher Motor für die Abfassung der neutestamentlichen Bücher und die Entstehung liturgischer Traditionen. Der gregorianische Allelujavers vom 4. Adventsonntag scheint davon noch ein Widerhall zu sein: „Komm, Herr, und zögere nicht, löse die Fesseln deines Volkes!" Die Verzögerung führt zu einer Ungeduld, die den Messias geradezu herab beschwören möchte. Dies kommt in den Worten des „Rorate" zum Ausdruck, des Introitusgesangs am vierten Adventsonntag nach Jes 45,8, der auch den Roratemessen den Namen gibt: „Tauet, ihr Himmel, von oben, und regnet, ihr Wolken, den Gerechten. Die Erde soll sich öffnen und den Erlöser hervorsprießen lassen." Der Quintsprung bei „Roráte" und die Aufgipfelung des Melodiebogens bei „von oben" gibt der Antiphon eine große Dringlichkeit. Diese spricht auch aus Gesängen und Orationen des Advents, die jeweils Verse aus Psalm 80 zugrunde legen: „Du Hirte Israels, höre, der du Israel weidest wie eine Herde! Der du auf den Kerubin thronst, erscheine vor Ephraim, Benjamin und Manasse! Biete deine gewaltige Macht auf und komm uns zu Hilfe!" (Ps 80,2–3). Im Lateinischen steht für „Biete auf!" das Wort „excita!", wörtlich „scheuche auf!", „errege!" Für „komm uns zu Hilfe" steht: „Komm, um uns heil zu machen" (veni, ut salvos facias nos). Hier klingt das „komm, uns zu retten" (veni ad salvandum nos) der letzten der sieben O-Antiphonen „O Emmanuel" in der Vesper vom 23. Dezember an. Es geht ums Ganze!

Ist die Sehnsucht der frühen Christen nach dem Erlöser endgültig einer satten Selbstgenügsamkeit gewichen? Kann das verbreitete Desinteresse an der christlichen Botschaft damit zusammenhängen, dass die heutigen Christen nichts und niemanden mehr erwarten, weil sie sich in der Welt eingerichtet und sich mit ihrer Endlichkeit arrangiert haben? Am Morgen des 24. Dezember betet die Kirche: „Herr Jesus Christus, komm bald und säume nicht. Richte uns auf durch deine tröstliche Ankunft, denn wir hoffen auf Deine Güte." Hoffen wir?

59 Weihnachtspassion

Du Kind, zu dieser heilgen Zeit

1) Du Kind, zu dieser heil'gen Zeit
   gedenken wir auch an dein Leid,
   das wir zu dieser späten Nacht
   durch unsre Schuld auf dich gebracht.
   Kyrieleison, Kyrieleison

2) Die Welt ist heut voll Freudenhall.
   Du aber liegst im armen Stall.
   Dein Urteilsspruch ist längst gefällt,
   das Kreuz ist dir schon aufgestellt.
   Kyrieleison, Kyrieleison

3) Die Welt liegt heut im Freudenlicht.
   Dein aber harret das Gericht.
   Dein Elend wendet keiner ab.
   Vor deiner Krippe gähnt das Grab.
   Kyrieleison, Kyrieleison

4) Die Welt ist heut an Liedern reich.
   Dich aber bettet keiner weich
   und singt dich ein zu lindem Schlaf.
   Wir häuften auf dich unsre Straf.
   Kyrieleison, Kyrieleison

5) Wenn wir mit dir einst auferstehn
   und dich von Angesichte sehn,
   dann erst ist ohne Bitterkeit
   das Herz uns zum Gesange weit.
   Hosianna, Hosianna.

Jochen Klepper

Das neue katholische Gebet- und Gesangbuch „Gotteslob" (2013) hat unter der Nummer 254 ein Weihnachtslied aus dem Evangelischen Gesangbuch (Nr. 50) aufgenommen, dessen Text von dem Theologen und Schriftsteller Jochen Klepper (1903–1942) stammt. Allerdings entschied man sich für eine andere Melodie (Friedrich Samuel Rothenberg 1939 statt Volker Gwinner 1970), so dass das Lied „Du Kind, zu dieser heilgen Zeit" nicht als öku-

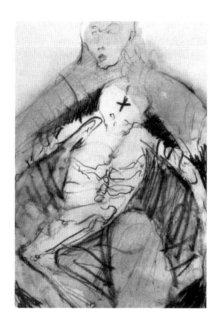

menisches Lied gelten kann. Die Datierung des Textes schwankt zwischen 1937 und 1939. Wie auch immer: Der Dichter hat – wohl auch aufgrund seiner beruflichen Situation als verfolgter Schriftsteller und seiner familiären als Ehemann einer jüdischen Frau – das Unheil schon am eigenen Leib erfahren und noch größeres vorausgesehen. Dies schlägt sich im Lied nieder, wohl das traurigste von allen Weihnachtsliedern.

Freudenhall und Freudenlicht „zu dieser heilgen Zeit" können die dunklen Schatten nicht verdrängen. Krippe und Kreuz sind wie zwei Seiten einer Medaille. Davon künden zwar auch schon die ältesten Weihnachtsdarstellungen der Kunst, jedoch meist verschlüsselt und weniger anklagend als das Lied, wo des Leidens Christi gedacht wird, „das wir zu dieser späten Nacht durch unsre Schuld auf dich gebracht." Anders als in seinem Adventslied „Die Nacht ist vorgedrungen, der Tag ist nicht mehr fern" (GL 220) lässt der Dichter in seinem Weihnachtslied zunächst keinen Hoffnungsstrahl in die dunkle Nacht einfallen, im Gegenteil. Schon im Reim stoßen die Gegensätze hart aufeinander: heilgen Zeit – an dein Leid; voll Freudenhall – im armen Stall; Freudenlicht – das Gericht. Auch die im „Gotteslob" unverständlicherweise ausgelassene vierte Strophe ist antithetisch aufgebaut:

Die Welt ist heut an Liedern reich./ Dich aber bettet keiner weich / und singt dich ein zu lindem Schlaf. / Wir häuften auf dich unsre Straf./ Kyrieleison.

In dieser Strophe klingt das am Karfreitag verkündete Vierte Lied vom Gottesknecht aus dem Buch Jesaja an: „Aber er hat unsere Krankheit getragen und unsere Schmerzen auf sich geladen. Wir meinten, er sei von Gott geschlagen, von ihm getroffen und gebeugt. Doch er wurde durchbohrt wegen unserer Verbrechen, wegen unserer Sünden zermalmt. Zu unserem Heil lag die Strafe auf ihm, durch seine Wunden sind wir geheilt" (Jes 52,4–5). Die Liedstrophe konterkariert, wie schon die Strophen zuvor die „heilge Zeit", den „Freudenklang" und das „Freudenlicht", sogar das Singen der vertrauten Weihnachtslieder, da Wiegenlieder und Kreuz nun einmal nicht zueinander passen. Das „Eja" bleibt einem buchstäblich im Halse stecken. Auch diese Strophe endet mit dem Kyrie-Ruf, das Lied trägt in Kleppers Sammlung Geistlicher Lieder dementsprechend den Titel „Weihnachts-Kyrie".

Die letzte (4. bzw. 5.) Strophe weitet endlich den Horizont: „Wenn wir mit dir einst auferstehn und dich von Angesichte sehn ..." Der Text spielt auf den Ersten Korintherbrief an: „Jetzt schauen wir wie in einen Spiegel und sehen nur rätselhafte Umrisse, dann aber schauen wir von Angesicht zu Angesicht" (1 Kor 13,12). Erst dann, nicht aber in dieser Weltzeit, können die Lieder mit weitem Herzen, ohne Bitterkeit erklingen. Am Ende dieser Strophe steht dementsprechend auch nicht mehr die Bitte um das Erbarmen, sondern das „Hosianna", der Jubelruf der Chöre des Himmels, in den die Gemeinde beim Lobgesang des „Sanctus" der eucharistischen Liturgien des Ostens und Westens einstimmt als Vorgriff auf die erhoffte Vollendung.

Passt das Lied Jochen Kleppers in unsere Zeit? Das vorherrschende Vokabular hat scheinbar nichts mit Weihnachten, aber alles mit Karfreitag zu tun: Leid, Schuld, Urteilsspruch, Kreuz, Gericht, Elend, Grab, Strafe. Jedoch beginnt auch in der Bibel der Karfreitag schon bei der Geburt. Klepper setzte über sein Lied die zentrale Stelle aus dem Weihnachtsevangelium: „Und sie gebar ihren ersten Sohn und wickelte ihn in Windeln und legte ihn in eine Krippe; denn sie hatten sonst keinen Raum in der Herberge" (Lk 2,7). Im Johannesprolog, dem Evangelium vom Weihnachtstag, wird dies theologisch gedeutet: „Er kam in sein Eigentum, aber die Seinen nahmen ihn nicht auf" (Joh 1,11). Die Passion ist überall gegenwärtig, auch unter den Klängen des Weihnachtsgloria auf den Feldern Bethlehems. Der Maler Herbert Falken (*1932) hat die Erfahrung in seinem Bild „Muttersohn Tod" zum Ausdruck gebracht. Wir dürfen aber in den Jubelruf der vor dem Angesicht Gottes Stehenden schon mit einstimmen, wenn wir die Augen nicht verschließen angesichts der Leiden unserer Zeit, der äußeren und inneren Ortlosigkeit unzähliger Menschen. Das Lied Jochen Kleppers aus schwerer Zeit kann uns heute sensibel machen für die Not unserer Tage und den Blick auf das Wesentliche lenken. Dann können wir – vielleicht – schon jetzt Freudenlieder anstimmen, ohne Bitterkeit und mit weitem Herzen.

60 Da capo – vom Anfang

Stufen

Wie jede Blüte welkt und jede Jugend
Dem Alter weicht, blüht jede Lebensstufe,
Blüht jede Weisheit auch und jede Tugend
Zu ihrer Zeit und darf nicht ewig dauern.
Es muß das Herz bei jedem Lebensrufe
Bereit zum Abschied sein und Neubeginne,
Um sich in Tapferkeit und ohne Trauern
In andre, neue Bindungen zu geben.
Und jedem Anfang wohnt ein Zauber inne,
Der uns beschützt und der uns hilft, zu leben.

Wir sollen heiter Raum um Raum durchschreiten,
An keinem wie an einer Heimat hängen,
Der Weltgeist will nicht fesseln uns und engen,
Er will uns Stuf' um Stufe heben, weiten.
Kaum sind wir heimisch einem Lebenskreise
Und traulich eingewohnt, so droht Erschlaffen,
Nur wer bereit zu Aufbruch ist und Reise,
Mag lähmender Gewöhnung sich entraffen.

Es wird vielleicht auch noch die Todesstunde
Uns neuen Räumen jung entgegen senden,
Des Lebens Ruf an uns wird niemals enden...
Wohlan denn, Herz, nimm Abschied und gesunde!

Hermann Hesse

„Im Anfang war das Wort." So beginnt das Evangelium der dritten und ältesten Weihnachtsmesse am Tage, die Vorrede des Johannesevangeliums, der Prolog (Joh 1,1). Weihnachten ist das Fest des Anfangs. Das Kind in der Krippe bildet den Kristallisationspunkt für die Sehnsucht der Menschen nach einer Chance zum Neubeginn, nach Unbeschwertheit und einem geglückten Leben. Dies ist wohl ein wesentlicher Grund dafür, dass Weihnachten weit über die Grenzen der Kirchen hinaus zum zentralen Fest in der westlichen Welt werden konnte. „Alle Jahre wieder kommt das Christuskind" tönt eines der beliebtesten Weihnachtslieder. Wenn man den beglückenden Augenblick auch nicht festhalten kann, so sehnt man sich doch die Wiederholung herbei. „Da capo – von vorn" lautet eine Anweisung am Ende vieler Musikstücke. Die Da-capo-Arie, in der nach dem zweiten Teil der erste kunstvoll wiederholt wird, ist zu einem Inbegriff barocker Opern, Oratorien und Kantaten geworden. Vom Schönen, Gefälligen kann man nicht genug bekommen, man möchte es immer wieder hören.

„Und jedem Anfang wohnt ein Zauber inne, / Der uns beschützt und der uns hilft, zu leben", schreibt Hermann Hesse im Gedicht „Stufen". Es geht darin um das Durchschreiten von Lebensräumen, von denen keiner Heimat werden darf, denn es geht ständig weiter, Stufe um Stufe. „Nur wer bereit zu Aufbruch ist und Reise, / mag lähmender Gewöhnung sich entraffen."

Das Kind in der Krippe ist von Anfang an rastlos. Die Kindheitsgeschichten der Evangelien berichten von Abweisung und Flucht, und in seinem öffentlichen Leben weiß der Menschensohn nicht, wohin er sein Haupt zur Nacht legen soll. Dennoch hat er seine Mitte gefunden in der liebenden Beziehung zu seinem himmlischen Vater, die ihn auch in der letzten bitteren Stunde, am Kreuz angenagelt, noch trägt: „Vater, in deine Hände lege ich meinen Geist" (Lk 23,46). Bei Hesse heißt es: „Es wird vielleicht auch noch die Todesstunde / Uns neuen Räumen jung entgegen senden, / Des Lebens Ruf an uns wird niemals enden ..."

Weihnachten ist nicht das Fest einer Regression in frühkindliche Stufen, zu dem es heute vielfach verkümmert. Wer mittelalterliche Christgeburtsbilder zu lesen vermag, entdeckt darin vielfältige Andeutungen an die Passion. Weihnachten bekommt seinen wahren Glanz von Ostern her – dazwischen aber liegt der Karfreitag.

Weihnachten ist das Fest des Anfangs, jedoch nicht als einer ewigen Wiederkehr von Werden und Vergehen, sondern als des Beginns einer anderen Wirklichkeit. Die dritte Weihnachtspräfation bemüht dazu ein Bild aus der Ökonomie: „Durch ihn (Christus) schaffst du den Menschen neu und schenkst ihm ewige Ehre. Denn einen wunderbaren Tausch (commercium) hast du vollzogen, dein göttliches Wort wurde ein sterblicher Mensch, und wir sterbliche Menschen empfangen in Christus dein göttliches Leben." Das gilt, wie der Hebräerbrief betont, ein für alle Mal.

Das Christuskind braucht nicht alle Jahre wieder zu kommen, denn seine Mission ist erfüllt. Das Da capo betrifft unsere Bereitschaft, uns immer wieder neu auf diesen heiligen Tausch einzulassen, Stufe um Stufe dem Ruf des Lebens zu folgen, den alten Menschen abzulegen und den neuen Menschen anzuziehen (vgl. Eph 4,22–24). Oder um es mit Hermann Hesse zu sagen: „Wohlan denn, Herz, nimm Abschied und gesunde!"

Bibelstellenverzeichnis

Gen 1,2	Kap. 43	Ps 130	Kap. 20
Gen 1,3	Einleitung	Ps 134(133)	Kap. 16
Gen 3, 19	Kap. 39	Ps 141,2	Kap. 9,
Ex 15	Kap. 5		Kap. 33
Ex 13,1–16	Kap. 15	Ps 145,10	Kap. 44
Ex 15,10	Kap. 16,	Ps 146 (145)	Kap. 26
	Kap. 43	Ps 150	Kap. 5,
Ex 20,18	Kap. 17		Kap. 9,
Ex 22,20–26	Kap. 50		Kap. 37,
Num 91,1	Kap. 46		Kap. 46
Lev 23,23 f	Kap. 46	Koh 2,2	Kap. 29
Dtn 6,4 f	Kap. 50	Koh 3,4	Kap. 29
Dtn 6, 4–9	Kap. 15	Hld 1,4	Kap. 5
Dtn 11,18.26–28.32	Kap. 15	Weish 18,14–15	Kap. 3
Jos 6,20	Kap. 52	Jes 6,1–5	Kap. 4
1 Kön 19,11f	Kap. 12	Jes 6,1–7	Kap. 30
Ijob 30,1	Kap. 29	Jes 6,3	Kap. 38
Ijob 38,8	Kap. 43	Jes 9,5–6	Kap. 5
Ps 4	Kap. 16	Jes 12	Kap. 18
Ps 8, 3	Kap. 38	Jes 27,13	Kap. 46
Ps 19	Kap. 24	Jes 35,1	Kap. 2
Ps 19,2	Kap. 44	Jes 45,8	Kap. 58
Ps 22,2	Kap. 20	Jes 51,15	Kap. 43
Ps 22,25	Kap. 20	Jes 52,1.8	Kap. 55
Ps 24	Kap. 56	Jes 52,4–5	Kap. 59
Ps 24, 7	Kap. 56	Jes 53,2.10	Kap. 17
Ps 27(26)	Kap. 17	Jes 60	Kap. 5
Ps 28	Kap. 9	Jes 61,1	Kap. 57
Ps 33,3	Kap. 5	Jes 61,10–11	Kap. 57
Ps 47 (46)	Kap. 30	Jes 62,5	Kap. 55
Ps 47 (46),2	Kap. 33	Jes 62,11	Kap. 56
Ps 51 (50),17	Kap. 13	Jer 5,22	Kap. 43
Ps 66 (65)	Kap. 26	Jer 31,35	Kap. 43
Ps 67, 33.34	Kap. 30	Ez 1,4–28	Kap. 30
Ps 68(67)	Kap. 30	Dan 3,77	Kap. 18
Ps 80,2–3	Kap. 58	Dan 3,51–90	Kap. 24,
Ps 88	Kap. 22		Kap. 44
Ps 91(90)	Kap. 16	Hos 13,14	Kap. 27
Ps 91,11	Kap. 16	Joel 3,1–5	Kap. 31
Ps 93,3–4	Kap. 43	Zeph 1,14–18	Kap. 52
Psa 95 (94)	Kap. 10,	Sach 9,9	Kap. 56
	Kap. 13	Mal 3,20	Kap. 5
Ps 96(95)	Kap. 26	Mt 4,1–11	Kap.16
Ps 96,11	Kap. 43	Mt 7,21–27	Kap. 15
Ps 98	Kap. 28	Mt 8,23–27	Kap. 9
Ps 98 (97),1	Kap. 28	Mt 11,25	Kap. 38
Ps 110 (109)	Kap. 30	Mt 12,34	Kap. 54
Ps 118,25	Kap. 21	Mt 17,2	Kap. 17
Ps 126,1–3	Kap. 29	Mt 21,1–9	Kap. 56
Ps 127,1–2	Kap. 47	Mt 21,5	Kap. 56

Mt 21,16	Kap. 38	Röm 3,21–25a.28	Kap. 15
Mt 25,1–13	Kap. 55,	Röm 8,26	Kap. 12
	Kap.56	1 Kor 2, 9	Kap. 11,
Mt 28,8f	Kap. 21		Kap. 42
Mk 9,7	Kap. 6	1 Kor 13,12	Kap. 59
Mk 12,29 f	Kap. 50	1 Kor 15,55	Kap. 27
Mk 15,34	Kap. 20	1 Kor 16,22	Kap. 58
Mk 15,37	Kap. 20	2 Kor 4,4	Kap. 12
Mk 16,19	Kap. 30	2 Kor 6, 1–10	Kap. 16
Lk 1,14	Kap. 45	Gal 3,28	Kap. 33
Lk 1,39–56	Kap. 35	Gal 6,14	Kap. 22
Lk 1,42	Kap. 32	Eph 4,22–24	Kap. 60
Lk 1,46	Kap. 57	Eph 5,2	Kap. 50
Lk 2,7	Kap. 59	Eph 5,14	Kap. 34
Lk 2, 8–14	Kap. 4	Eph 5,19	Kap. 36
Lk 4,21	Kap. 57	Phil 4,4–5	Kap. 57
Lk 6,21	Kap. 29	Phil 4,4.5b	Kap. 2
Lk 6,45	Kap. 54	Kol 1,15	Kap. 12
Lk 10,21	Kap. 38	Kol 3,16	Kap. 28,
Lk 21,60 f	Kap. 34		Kap. 36
Lk 23,46	Kap. 60	Kol 3, 16–17	Kap. 39
Lk 24,50–53	Kap. 30	Hebr 12,1	Kap. 51
Joh 1,1	Kap. 60	Jak 1,17	Kap. 47
(Joh 1,6–8.19–28)	Kap. 57	(Jak 5,8)	(Kap. 2)
Joh 1,11	Kap. 59	1 Petr 3,19	Kap. 27
Joh 1,14	Kap. 42	1 Petr 3,22	Kap. 30
Joh 1,26	Kap. 57	1 Joh 4,19	Kap. 50
Joh 1,29	Kap. 6	Offb 3,20	Kap. 56
Joh 3,29	Kap. 45	Offb 4, 6–8	Kap. 30
Joh 3,30	Kap. 45	Offb 4,8	Kap. 51
Joh 4,13–14	Kap.18	Offb 5	Kap. 51
Joh 4,23–24	Kap. 36	Offb 5,9	Kap. 5,
Joh 10,4	Kap. 10		Kap.49
Joh 10,16	Kap.10	Offb 7,4	Kap. 51
Joh 11	Kap. 20	Offb 7, 10	Kap. 51
Joh 14,9f	Kap. 12	Offb 7,11–12	Kap. 51
Joh 19,30	Kap. 17	Offb 11,15	Kap. 23,
Joh 20,8	Kap. 42		Kap. 52
Joh 20,17	Kap. 12	Offb 11,19	Kap. 23
Joh 20, 29	Kap. 42	Offb 19, 1–7	Kap. 37
Apg 1,4–11	Kap. 30	Offb 19, 1–8	Kap. 28
Apg 1,11	Kap. 30	Offb 21,6	Kap. 5
Apg 2,1–11	Kap. 31	Offb 21,23 f.	Kap. 5
Apg 2,16–21	Kap. 31	Offb 22,13	Kap. 5
Apg 2,2 und 4	Kap. 31	Offb 22,20	Einleitung,
Apg 2,46	Kap. 28		Kap. 58

Quellennachweise

2. Kapitel

Gaudete: Introitus vom 3. Adventsonntag: Graduale Triplex, Solesmes 1979, 21.

Macht hoch die Tür: Gotteslob. Katholisches Gebet- und Gesangbuch. Ausgabe für die Diözese Aachen, Hg. von den (Erz-)Bischöfen Deutschlands und Österreichs und dem Bischof von Bozen-Brixen, Aachen 2013, Nr. 218 (Kurzzitation: GL 218)

3. Kapitel

Grundordnung des Kirchenjahres und des neuen Römischen Generalkalenders, in: Die Feier der Heiligen Messe. Messbuch für die Bistümer des deutschen Sprachgebietes. Kleinausgabe, Einsiedeln-Köln u. a. 1991, 83*-84*, Nr. 39.

Die Nacht ist vorgedrungen, 1939: Gotteslob 220; vgl. Jochen Klepper, „Ziel der Zeit". Die gesammelten Gedichte, Bielefeld ⁴1987.

Dum medium silentium: Introitus vom 2. Sonntag nach Weihnachten: Graduale Triplex (Kap. 2) 53 f.

5. Kapitel

In dulci jubilo: http://www.lieder-archiv.de/in_dulci_jubilo-notenblatt_200040.html; GL 253; vgl. Hermann Kurzke, In dulci jubilo, in: Geistliches Wunderhorn. Große deutsche Kirchenlieder. Herausgegeben, vorgestellt und erläutert von Hansjakob Becker u. a., München 2001, 51–53.

Wachet auf, ruft uns die Stimme" (GL 554); Johann Sebastian Bach, BWV 140.

6. Kapitel

Hört, eine helle Stimme ruft, Adventhymnus zur Laudes: Die Feier des Stundengebetes. Stundenbuch für die katholischen Bistümer des deutschen Sprachgebietes. Authentische Ausgabe für den liturgischen Gebrauch. Bd. 1, Einsiedeln u. a. 1978, 6.

7. Kapitel

Friedrich Schiller, Das Lied von der Glocke: Der neue Conrady. Das große deutsche Gedichtbuch. Von den Anfängen bis zur Gegenwart. Neu hg. und aktualisiert von Karl Otto Conrady, Düsseldorf-Zürich 2000, 322–326.

8. Kapitel

Schäfers Sonntagslied: Ludwig Uhland, Gedichte, Stuttgart 1815, 30.

Paul Celan, Stimmen: ders., Gedichte in zwei Bänden, Bd. 1, Frankfurt 1993, 147.

9. Kapitel

Glockenweihe: Benediktionale. Studienausgabe für die katholischen Bistümer des deutschen Sprachgebietes, hg. von den Liturgischen Instituten Salzburg-Trier-Zürich, Freiburg u. a. 1994, 164.

Friedrich Schiller, Das Lied von der Glocke (Kap. 7).

Friedensglocke: www.friedensglocke-chorweiler.de

10. Kapitel

Introitus vom 5. Sonntag im Jahreskreis „Venite, adoremus Deum": Graduale Triplex (Kap. 2) 271 f; vgl. Frank Lothar Hossfeld, Psalm 95, in: ders./Erich Zenger, Psalmen 51–100 (Herders Theologischer Kommentar zum Alten Testament), Freiburg u. a. 2000, 664.

Augustinus, Confessiones 8,12; Übersetzung: BKV.

11. Kapitel

Clemens Brentano, Abendständchen: ders., Sämtliche Werke und Briefe. Band 12 , Dramen I, Stuttgart 1982, 819.

Die Regel des hl. Benedikt. Hg. im Auftrag der Salzburger Äbtekonferenz, Beuron 1990, 27.

Schweige und höre, neige deines Herzens Ohr: GL 433,2.

Wie schön leuchtet der Morgenstern: GL 357.

12. Kapitel

Jürgen Werbick, Trugbilder oder Suchbilder? Ein Versuch über die Schwierigkeit, das biblische Bilderverbot theologisch zu befolgen: JBTh 13 (1998) 3–27, hier 21.

13. Kapitel

Erich Zenger, Psalm 51, in: Hossfeld/ Zenger (Kap. 10) 56.

14. Kapitel

Ritus servandus in celebratione Missae I: Missale Romanum, Editio XIV juxta typicam Vaticanam, Regensburg 1930, 73 *.

Römisches Messbuch. Allgemeine Einführung (AEM) 82, in: Messbuch (S. Kapitel 2) 45 *.

Klaus Hemmerle, Vorspiel zur Theologie. Einübungen, in: ders., Ausgewählte Schriften II, Freiburg u. a. 1996, 12; 121.

15. Kapitel

Wer nur den lieben Gott lässt walten: GL 424.

16. Kapitel

Invocabit: Introitus vom ersten Fastensonntag: Graduale Triplex (Kap. 2) 72 f; vgl. Erich Zenger, Psalm 91, in: Hossfeld/ Zenger (s. Kap. 10), 624.

Wer unterm Schutz des Höchsten steht: GL 423.

17. Kapitel

O Haupt voll Blut und Wunden: GL 289

18. Kapitel

Rainer Maria Rilke, Römische Fontäne. Borghese, in: Conrady (Kap. 7) 562.

Qui biberit aquam: Communio vom 3. Fastensonntag (A): Graduale Triplex (Kap. 2) 99.

20. Kapitel

Videns Dominus: Communio vom 5. Fastensonntag (A): Graduale Triplex (Kap. 2) 124.

Aus tiefer Not schrei ich zu dir: GL 277.

21. Kapitel

Johann Wolfgang von Goethe, Clärchens Lied im Dritten Aufzug des Trauerspiels Egmond: Insel Goethe Werkausgabe Zweiter Band, Frankfurt a. M. 1979, 211.

Hosanna filio David: Eröffnungsgesang zur Einzugsprozession am Palmssonntag: Graduale Triplex (Kap. 2) 137.

22. Kapitel

Nos autem: Introitus vom Gründonnerstag: Graduale Triplex (Kap. 2) 162.

Ecce lignum: Huldigungsruf zur Kreuzverehrung am Karfreitag: Graduale Triplex 174 f.

Hagios ho Theos: Improperien, Gesang zur Kreuzverehrung: Graduale Triplex 176 f.

23. Kapitel

Exsultet: Übersetzung Norbert Lohfink, Das Exsultet deutsch. Kritische Analyse und Neuentwurf: Georg Braulik; Norbert Lohfink, Osternacht und Altes Testament, Frankfurt a. M. 2003, 83 ff.

24. Kapitel

Salve festa dies: Venantius Fortunatus. Übersetzung im Anschluss an: Gottfried Amberg, Ceremoniale Coloniense, Siegburg 1982, 162 f., sowie: Manuale Trevirense. Heilige Woche – Karwoche und Ostern, Trier 1999, 164.

Vexilla regis: Venantius Fortunatus: Anselmo Lentini, Te decet Hymnus. L'innario della « Liturgia Horarum », Vatikan 1984, 103 (Nr. 101).

25. Kapitel

Johann Wolfgang von Goethe, Faust I: Insel Goethe Werkausgabe Band 3, Frankfurt a. M. 1979, 27 f.

Rose Ausländer, Wir spielen Ostern, in: dies., Sieben neue Tage. Gedichte und Prosa, Berlin 1990, 69.

Romano Guardini, Vom Geist der Liturgie. Vierte und fünfte, umgearbeitete und vermehrte Auflage, Freiburg 1920, 71.

26. Kapitel

Tagesgebet vom dritten Sonntag der Osterzeit: Messbuch (Kap. 3) 152.

Grundordnung des Kirchenjahres und des neuen römischen Generalkalenders: Messbuch (s. Kap. 3), 82 *, Nr. 22.

27. Kapitel

Ostersequenz „Victimae paschali laudes": GL 320.

Responsorium der Karmette: Die Feier des Stundengebetes. Lektionar, Heft 2, Erste Jahresreihe, Einsiedeln u. a. 1978, 200 f.

Antiphon zur Laudes aus Hos 13,14: Stundenbuch Bd. 2 (s. Kap. 2) 239.

Nikodemus-Evangelium: Erich Weidinger, Die Apokryphen. Verborgene Bücher der Bibel, Aschaffenburg 1985, 489.

28. Kapitel

Römisches Messbuch. Allgemeine Einführung (s. Kap. 3), 33*, Nr. 19

Franz Rosenzweig, Der Stern der Erlösung. Mit einer Einführung von Reinhold Mayer und einer Gedenkrede von Gershom Scholem, Frankfurt/Main [5]1996, 278.

Thomas Eicker, „Einsäen der Ewigkeit ins Lebendige". Impulse einer Theologie der Kirchenmusik im Dialog mit Franz Rosenzweig, in: Albert Gerhards (Hg.), Kirchenmusik im 20. Jahrhundert. Erbe und Auftrag (Ästhetik – Theologie – Liturgik 31) Münster 2005, 155.

29. Kapitel

Eco, Umberto, Der Name der Rose, München 1987.

Balthasar Fischer, Redemptionis mysterium. Studien zur Osterfeier und zur christlichen Initiation, hg. von Albert Gerhards und Andreas Heinz, Paderborn u. a. 1992, 274.

30. Kapitel

Viri Galilaei: Introitus von Christi Himmelfahrt: Graduale Triplex (Kap. 2) 235.

Communio (Lesejahr C) „Psalllite Domino": ebd. 238.

31. Kapitel

Factus est repente: Communio von Pfingsten: Graduale Triplex (Kap. 2) 256.

Guardini, Romano, Gebet in der währenden Stunde, in: Hochland, 61 (1969), 195–196.

Vení Creator Spiritus: GL 341.

32. Kapitel

Nelly Sachs, Engel der Bittenden, in: dies., Fahrt ins Staublose. Gedichte, Frankfurt a. M. 1988, 74 f.

Nelly Sachs, Engel auf den Urgefilden, ebd. 145.

33. Kapitel

Introitus vom 13. Sonntag im Jahreskreis „Omnes gentes": Graduale Triplex (Kap. 2) 297.

34. Kapitel

Aeterne rerum conditor/ O ew'ger Schöpfer aller Welt: Stundenbuch Bd. 3 (Kap. 6) 200.

Hansjakob Becker u. a., Geistliches Wunderhorn (Kap. 5) 23.

35. Kapitel

Richard Schaeffler, Das Gebet und das Argument, Düsseldorf 1989, 182 f.

36. Kapitel

Klemens von Alexandrien, Der Erzieher (Paidagogos) 2,42,1–3: BKV II 8, 52 f.

37. Kapitel

Klemens von Alexandrien, Der Erzieher (Paidagogos) 2,41,4–5: BKV II 8, 52.

38. Kapitel

Anaphora des hl. Gregor von Nazianz: Albert Gerhards, Die griechische Gregoriosanaphora. Ein Beitrag zur Geschichte des Eucharistischen Hochgebets = LQF 65 (Münster 1984), 23.

39. Kapitel

Sonntagspräfation VII: Messbuch 410 f.

40. Kapitel

Maria aufgenommen ist: GL 522

Allelujavers der Messe vom Tag: vgl. Graduale Triplex (Kap. 2) 592.

41. Kapitel

Großflughafen mit Kapelle: CiG 2011 Nr. 31, S. 338

42. Kapitel

Behrendt, Joachim E., Nada Brahma. Die Welt ist Klang 1983.

43. Kapitel

Behrendt, Joachim E., Nada Brahma. Die Welt ist Klang 1983.

44. Kapitel

Johann Wolfgang von Goethe, Faust. Eine Tragödie, Prolog: Insel Goethe Werkausgabe 3, Frankfurt a. M. 1979, 14.

45. Kapitel

Selma Meerbaum-Eisinger, Welke Blätter, 1939, in: dies., Ich bin in Sehnsucht eingehüllt. Gedichte, hg. von Jürgen Serke, Nördlingen 2008, 19.

Rainer Maria, Rilke, Herbst, in: ders., Das Buch der Bilder (Insel TB 26), 1973, 39 f.

46. Kapitel

Mußafgebet am Neujahrsfest der jüdischen Liturgie: Jüdisches Gebetbuch Rosch Haschana, hg. von Andreas Nachama u. a., Gütersloh o.J., 203. 211–213.229.

47. Kapitel

Wir pflügen und wir streuen, nach Matthias Claudius, Ein Bauernlied, 1783: Evangelisches Gesangbuch, Ausgabe für die Evangelisch-Lutherischen Kirchen in Bayern und Thüringen, München-Weimar o.J., Nr. 508 (Abkürzung: EG)

48. Kapitel

Grundordnung des Römischen Messbuchs. Vorauspublikation zum Deutschen Messbuch (3. Auflage), hg. vom Sekretariat der Deutschen Bischofskonferenz (AH 215), Bonn 2007, Nr. 45., Nr. 56, Nr. 78.

50. Kapitel

Else Lasker-Schüler, Herbstgedicht, in: dies., Sämtliche Gedichte, München ⁵1991, 206.

Tagesgebet vom 30. Sonntag im Jahreskreis: Messbuch (Kap. 3) 243.

51. Kapitel

Eigenpräfation von Allerheiligen: Messbuch (Kap. 3) 823.

Heinz-Albert Heindrichs, Sanctus: www.eliasbetz.de/p-licht.htm

52. Kapitel

Dies irae: Anselm Schott OSB, Das Messbuch der heiligen Kirche. Neubearbeitet von den Benediktinern der Erzabtei Beuron, Freiburg-Basel-Wien1966, 1127 f.

54. Kapitel

Erste Antiphon der Laudes: Das Breviergebet. Deutsche Ausgabe des Breviarium Romanum, hg. von Peter Morant, Freiburg 1965, 917.

Magnificat-Antiphon der Vesper: Stundenbuch (Kap. 6) Bd. 3, 986.

Tagesgebet vom Gedenktag der hl. Cäcilia: Messbuch (Kap. 3) 851.

55. Kapitel

Ansgar Franz, Geistliches Wunderhorn (s. Kap. 5) 155.

Phillip Nicolai, Wachet auf, ruft uns die Stimme: GL 554; EG 147.

56. Kapitel

Georg Weissel, Macht hoch die Tür, die Tor macht weit: EG 1.

57. Kapitel

Richard Schaeffler (s. Kap. 35)

58. Kapitel

Gregorianischer Hallelujavers vom 4, Advent: Graduale Triplex (Kap. 2) 36 f.

Introitus vom 4. Advent: ebd. 34 f.

59. Kapitel

Du Kind, zu dieser heilgen Zeit: GL 254; Jochen Klepper, „Ziel der Zeit". Die gesammelten Gedichte, Bielefeld ⁴1987, 62.

60. Kapitel

Hermann Hesse, Stufen: Conrady (Kap. 7) 669.

Bildverzeichnis

1　„Höre. Israel" – Inschrift auf der Menorah an der Knesset/Jerusalem
CC BY-SA 3.0 über Wikimedia Commons

2　Matthias Grünewald, Isenheimer Altar: Engelskonzert
kunstkopie.de

3　Giotto, Taufe Jesu: S. Francesco, Assisi
http://images.zeno.org/Kunstwerke/I/big/72w044a.jpg

4　St. Petersglocke im Kölner Dom mit neuem Klöppel
CC BY-SA 3.0, Foto: pappnaas666 über Wikimedia Commons

5　Die Chorweiler Friedensglocke und ihr Guss am 24. April 2014
Fotos: Marcel Soppa

6　Orgel Schlosskirche Bonn (Orgelbau Klais, Bonn), 2012
Foto: Boris Schafgans, Bonn

7　Marc Chagall, The Praying Jew (Rabbi of Vitebsk), © VG Bild-Kunst, Bonn 2016
wikiart.org

8　Edvard Munch, Der Schrei (1895), Lithographie, Gundersen Collection, Oslo
https://de.wikipedia.org/wiki/Der_Schrei

9　Darbringung und Inzensieren der Osterkerze, Exultet-Rolle aus Montecassino, 11. Jh.
(Bibl. Ap. Vat.)
Aus: Clara Vasseur OSB, Altes neu entdecken: Die reiche Symbolik der Osterkerze,
Beuron 2007, 17

10　Anastasis; Fresko in der Chorakirche in Istanbul (um 1320)
https://de.wikipedia.org/wiki/Abstieg_Christi_in_die_Unterwelt

11　Himmelfahrt Christi: Rabula-Kodex, Syrien, 6. Jh.
http://www.wikiwand.com/en/Rabbula_Gospels

12　Günther Oellers, Die Steine der Singenden, © VG Bild-Kunst, Bonn 2016
Dr. Adam Oellers

13　Marc Chagall, Glasfenster, inspiriert von Psalm 150: Chichester Cathedral, © VG Bild-
Kunst, Bonn 2016
Lizensiert unter Gemeinfrei, Foto: Paddy Briggs

14　Raffael, Aufnahme Marias in den Himmel
„PalaOddiRaffaello" von Raffael – Lizensiert unter Gemeinfrei über Wikimedia Commons

15　Autobahnkirche Autohof Siegerland (Architekten Schneider und Schumacher,
Frankfurt/M.) 2013
Foto: Albert Gerhards

16　Shofar-Bläser an der Jerusalemer Klagemauer am Abend von Rosch Haschana, dem
jüdischen Neujahrsfest
CC BY-SA 3.0, Foto: Ohayon Avi, GPO (https://www.flickr.com/people/69061470@
N05)

17　Allerheiligenfenster, Chorumgang Kölner Dom, ca. 1330
CC BY 3.0, Foto: Ludwig Schneider über Wikimedia Commons

18 Hieronymus Bosch, Engel des Gerichts, Detail aus dem Jüngsten Gericht
    Archiv des Autors

19 Hubertusmesse in Hindelang (7.8.2016): Jagdhornbläserkorps Neu-Ulm Nord e.V.
    Foto: Albert Gerhards

20 Raffael, Hl. Cäcilia, Bibl. Nazionale Bologna
    Web Gallery of Art (gemeinfrei)

21 Die klugen und törichten Jungfrauen, Straßburger Münster
    CC BY-SA 3.0, Foto: Priscille Leroy über Wikimedia Commons

22 Simandron
    Jerusalem Hills daily photo: Armenian Orthodox
    jerusalemhillsdailyphoto.blogspot.com

23 Herbert Falken, Muttersohn Tod (XIII), 1985
    Frank Günter Zehnder, Herbert Falken, Aus der Dunkelheit für das Licht, Köln 1993,
    165 Abb. 119

Klangbeispiele

Lieder / Gedichte

„Macht hoch die Tür"   Kap. 2/56
Chorversion:
Dresdner Kreuzchor
https://itunes.apple.com/de/album/macht-hoch-die-tur/id573938478?i=573940057

Regensburger Domspatzen
https://www.youtube.com/watch?v=02898jfXs-w

Jochen Klepper, Die Nacht ist vorgedrungen, 1939 (Gotteslob 220)   Kap. 3
Karl-Friedrich Behringer & Windsbacher Knabenchor
https://itunes.apple.com/de/album/die-nacht-ist-vorgedrungen/
    id154046004?i=154046014

Athesinus Consort, Berlin, Klaus-Martin Bresgott
https://www.youtube.com/watch?v=6r1zLDJQwL0

Katrin Haag und Thomas Wahl
https://itunes.apple.com/de/album/die-nacht-ist-vorgedrungen/
    id346907865?i=346908305

In dulci jubilo, GL 253   Kap. 5
Munich Bach Choir
https://itunes.apple.com/de/album/in-dulci-jubilo/id573622183?i=573623442

Chor des King's College Cambridge
https://www.youtube.com/watch?v=iXze_TLUTqM

Philipp Nicolai, „Wachet auf, ruft uns die Stimme" (1599),
Johann Sebastian Bach (BWV 140)   Kap. 5/55
Vocal Concert Dresden, Peter Kopp und Sebastian Knebel
https://itunes.apple.com/de/album/wachet-auf-ruft-uns-die-stimme/
    id710533839?i=710534078

The Amsterdam Baroque Orchestra and Choir
https://www.youtube.com/watch?v=JCULWK4tNuc

Friedrich Schiller, Lied von der Glocke (1799)   Kap. 7/9
https://itunes.apple.com/de/album/das-lied-von-der-glocke/id429084711?i=429084867

Dieter Mann (Sprecher)
https://www.youtube.com/watch?v=hpye8w1XK7o

Schäfers Sonntagslied Kap. 8
Die Meistersinger und Klaus Breuninger
https://itunes.apple.com/de/album/schafers-sonntagslied-op./
 id353340021?i=353340153

Franz Schubert-Chor Eisenach und Männerchor der Wartburgstadt unter der Leitung von
 Manfred Jäckel
https://www.youtube.com/watch?v=n50HXRn1W5E

Paul Celan, Stimmen Kap. 8
https://www.youtube.com/watch?v=uIBtFrHoZFl

Clemens Brentano, Abendständchen Kap. 11
http://www.deutschelyrik.de/index.php/abendstaendchen.html

Phillip Nicolai, Wie schön leuchtet der Morgenstern" (GL 357) Kap. 11
Stimmwerck und Christoph Eglhuber
https://itunes.apple.com/de/album/wie-schon-leuchtet-der-morgenstern/
 id572034258?i=572034327

Münchener Bach-Chor und Münchener Bach-Orchester
https://www.youtube.com/watch?v=Fz9_25PyJ_w

Georg Neumark, Wer nur den lieben Gott lässt walten ,1657 (GL 424) Kap. 15
Vocal Concert Dresden
https://itunes.apple.com/de/album/wer-nur-den-lieben-gott-lasst/
 id710533839?i=710534290

Philippe Herreweghe und Chor und Orchester des Collegium Vocale Gent
https://www.youtube.com/watch?v=sFw6lDdmm9s

Wer unterm Schutz des Höchsten steht (GL 423) Kap. 16
Münchner Cantamus Chor
https://itunes.apple.com/de/album/wer-unterm-schutz-des-hochsten/
 id615008137?i=615008224

JugendKathedralChor Fulda, aus dem Hohen Dom zu Fulda
https://www.youtube.com/watch?v=cE3qrk7k2yY

O Haupt voll Blut und Wunden, GL 289 Kap. 17
Arnold Schönberg Chor
https://itunes.apple.com/de/album/matthaus-passion-o-haupt-voll/
 id83164860?i=83164830

Philipp Herreweghe und Chor und Orchester des Collegium Vocale Gent, Christoph Prégar-
 dien, Tenor (Evangelist)
https://www.youtube.com/watch?v=ShJLJqZQiVl

Qui biberit aquam   Kap. 18
Giovani Vianini, Direktor der Scola Gregoriana Mediolanensis, Mailand
https://www.youtube.com/watch?v=gBVQmUdxGl0

Martin Luther, Aus tiefer Not schrei ich zu dir (GL 277)   Kap. 20
Heinrich Schütz Kantorei Freiburg
https://itunes.apple.com/de/album/aus-tiefer-not-schrei-ich/id346699225?i=346699340

Vokal Ensemble München
https://www.youtube.com/watch?v=RLDeaZG0wCY

Exultet   Kap. 23
Choeur des moines de L'Abbaye Saint-Benoit-Du-Lac
https://itunes.apple.com/de/album/exsultet/id408192675?i=408192729

Ostern 2016, Petersdom
https://www.youtube.com/watch?v=uZHTopUphRY

Salve festa dies   Kap. 24
Benediktinische Mönche des Klosters Santo Domingo Silos
https://www.youtube.com/watch?v=XL6iIj3ZA6U

https://itunes.apple.com/de/album/salve-festa-dies/id73323754?i=73323651

Factus est repente   Kap. 31
Peres Norbertines de l'Abbaye de Saint-Michel
https://itunes.apple.com/de/album/factus-est-repente-communion/
    id525724517?i=525724560

Schola of the Monastery of the Holy Cross, Chicago
https://www.youtube.com/watch?v=mD3hUEXTWY0

Aeterne rerum conditor   Kap. 34
Capella Antiqua München und Konrad Ruhland
https://itunes.apple.com/de/album/aeterne-rerum-conditor/id581040072?i=581040140

Mönche von Glenstal Abbey, Murroe (Irland)
https://www.youtube.com/watch?v=SHcho_RTk-4

Johann Sebastian Bach, Magnificat   Kap. 35
Arnold Schönberg Chor, Concentus Musicus Wien, Nikolaus Harnoncourt
https://www.youtube.com/watch?v=Vr5cKdC3v3E

Selma Meerbaum-Eisinger, Welke Blätter, 1939   Kap. 45
Rezitation: Ole Irenäus Wieröd
https://www.youtube.com/watch?v=wmgstTPi2xk

Matthias Claudius, Ein Bauernlied, 1783 (EG 508) Kap. 47
https://itunes.apple.com/de/album/wir-pflugen-und-wir-streuen/
    id326088399?i=326088756

Chor der Neuapostolischen Kirche Pforzheim
https://www.youtube.com/watch?v=FNwDpHTNnEg

Dies Irae (Guiseppe Verdi, Requiem) Kap. 54
BBC Sinfonieorchester und Chor
https://www.youtube.com/watch?v=cHw4GER-MiE

Jochen Klepper, Du Kind, zu dieser heilgen Zeit (GL 254) Kap. 59
Das Solistenensemble und Gerhard Schnitter
https://itunes.apple.com/de/album/du-kind-zu-dieser-heilgen-zeit/
    id326088399?i=326088784

Mädchenchor am Dom zu Münster, in der Marienkapelle des St.-Paulus-Domes zu Münster
https://www.youtube.com/watch?v=v2BzYj7fz4A

Hermann Hesse, Stufen Kap. 60
Originalaufnahme von 1949
https://www.youtube.com/watch?v=tShVfptMyW8